Das große Buch der

ALPENBAHNEN

Das große Buch der
ALPENBAHNEN

Über 150 Jahre
Bezwingung der Alpen

Markus Hehl

Die Gotthardbahn gilt als Sinnbild für die
Eisenbahn in den Alpen. Die Strecke, die
vom Vierwaldstättersee ins Tessin führt,
besaß schon immer eine besondere
internationale Bedeutung, war sie doch
lange Zeit die einzige Verbindung von
Deutschland durch die neutrale Schweiz
nach Italien. Blick auf den Bahnhof
Bellinzona am Fuße der Gotthard-Südrampe
Anfang des 20. Jahrhunderts.
Foto: BBC, Sammlung Marcus Niedt

Umschlagabbildungen:
Michael Beitelsmann (Vorderseite oben),
Sammlung Hehl (Vorderseite unten) und
Marcus Hehl (Rückseite)

Ein kostenloses Gesamtverzeichnis
erhalten Sie beim
GeraMond Verlag
D-81664 München
www.geramond.de

Lektorat: Lothar Reiserer
Layout: imprint, Ilona Külen, Zusmarshausen
Repro: Scanner Service
Herstellung: Thomas Fischer

Die Deutsche Bibliothek – CIP Einheitsaufnahme
Ein Titeldatensatz für diese Publikation ist bei der
Deutschen Bibliothek erhältlich.

© 2005 by GeraMond Verlag
Ein Unternehmen der
GeraNova Zeitschriftenverlag GmbH München

Vorwort

„Groß und mächtig – schicksalsträchtig."
Mit diesen Worten beschrieb der österreichische Liedermacher Wolfgang Ambros einmal die zwiespältige Faszination der Berge. Tatsächlich sind die Alpen mehr als nur liebliche Almansichten, die von den Tourismusverbänden millionenfach auf Hochglanzpapier gedruckt werden. Nur wer die Unwirtlichkeit des Hochgebirges selbst einmal erlebt hat, kann sich vorstellen, welchen Respekt die Bergriesen den Ingenieuren, Technikern und Arbeitern beim Bau der großen Alpenbahnen im 19. und frühen 20. Jahrhundert abgenötigt haben. Jede einzelne Alpenbahn – vom Semmering im Osten bis zur Tendabahn im Westen – gilt als technisches Meisterwerk, das mit einem gewaltigen finanziellen und technischen Aufwand verbunden war. Schließlich wurden die Berge und ihre Bahnen auch zum Schicksal für viele Menschen, die bei den Bauarbeiten unter widrigsten Verhältnissen ihr Brot verdienten. Viele von ihnen ruinierten dabei ihre Gesundheit oder ließen ihr Leben.

Das vorliegende Buch will einen Eindruck vermitteln vom landschaftlichen Reiz, von den technischen Superlativen und der Geschichte der Eisenbahnen über die Alpen. Bewusst wurden dabei vor allem die bedeutenden und alpenüberquerenden Strecken ausgewählt.

In diesem Sinne wünsche ich Ihnen „Berge von Erlebnissen" bei der Lektüre der folgenden Seiten.

Markus Hehl
Landsberg am Lech, im Juli 2005

Die Semmeringbahn von Gloggnitz in Niederösterreich nach Mürzzuschlag in der Steiermark wurde 1854 unter der Regie des Venezianers Carl von Ghega als erste Alpenbahn in Betrieb genommen. 1998 erhob die UNESCO die Strecke mit ihren aufwendigen Kunstbauten samt der umgebenden Kulturlandschaft zum Weltkulturerbe.
Foto (Sommer 1998): Markus Hehl

Inhalt

Das aktuelle Netz der Alpenbahnen im
Überblick – von Savoyen bis zu den
Karawanken, von Oberbayern bis nach
Südtirol
Kartografie: Rolle

Legende

elektrisch	
	Normalspurbahn, mehrgleisig
	Normalspurbahn, eingleisig
	Schmalspurbahn
	Tunnel, mehrgleisig
	Tunnel, eingleisig
	Tunnel (Schmalspurbahn)
	Bahn im Bau
	Tunnel im Bau

Museums- und Touristikbahnen
sind nur fallweise wiedergegeben

100 km

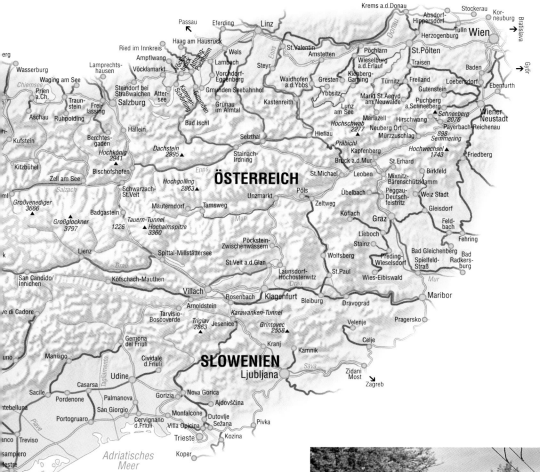

In die Kaiserzeit zurückversetzt fühlt sich der Fahrgast in den elektrischen Triebwagen der Rittnerbahn, die heute noch von Maria Himmelfahrt über Oberbozen nach Klobenstein verkehrt. Längst ist die Bahn, die sich mit einer Spurweite von 1000 Millimetern unterhalb des Ritten durch die Südtiroler Bergwelt schlängelt, zur Touristenattraktion geworden.
Foto: Markus Hehl

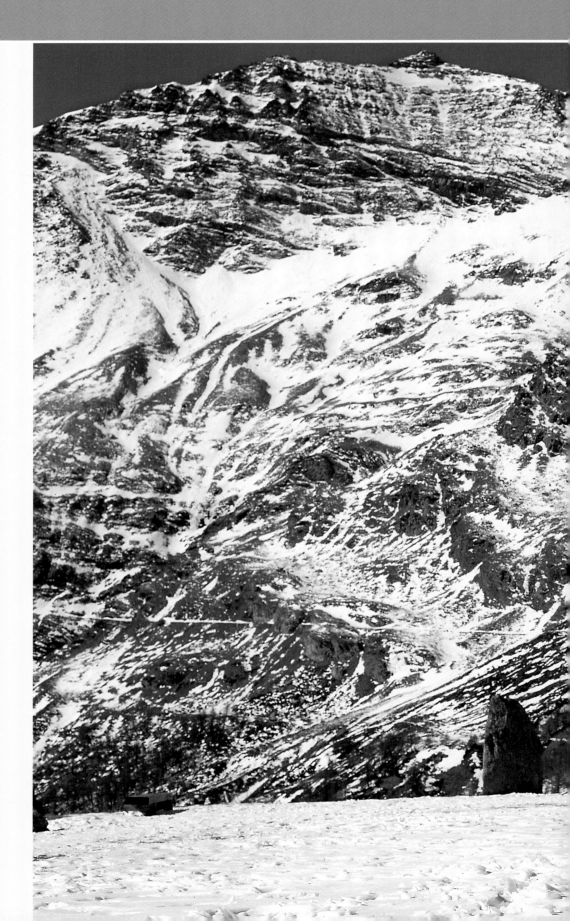

Das ewige Eis im Blick haben die Fahrgäste auf der Berninabahn, die von St. Moritz im Engadin bis auf eine Höhe von 2256 Metern über dem Meeresspiegel ansteigt und anschließend in die südlichen Gefilde des Puschlav hinabführt. An der Station Alp Grüm wartet einer der Züge der Rhätischen Bahn unweit des Palügletschers auf die Fahrt in Richtung St. Moritz.   Foto: Markus Hehl

„Dampfschneeschleudern am Berninapass" – das zählt wohl zu den ungewöhnlichsten Freizeitaktivitäten, die gemeinhin angeboten werden. Tatsächlich organisiert die Rhätische Bahn immer wieder Erlebnistouren für Filmer und Fotografen, die Europas letzte betriebsfähige Dampfschneeschleuder in voller Aktion erleben wollen. Am 23. Februar 2002 rollt die Xrot d 9213 mit Volldampf am Ufer des Lago Bianco entlang in Richtung Bernina Ospizio. Foto: Markus Hehl

Eine Dampfschneeschleuder hatte am Berninapass die Strecke freigeräumt und einen tiefen Einschnitt hinterlassen, als diese Aufnahme entstand. Meterhoch türmt sich die weiße Pracht beiderseits der Schienen auf. Der Triebwagen mit der Nummer 5 aus dem Jahr 1908 kann nur noch durch eine enge Gasse im Schnee den Verkehr über den Berninapass aufrecht erhalten. Foto: RhB, Sammlung Hehl

Deutschlands Eisenbahnen führen an den nördlichen Fuß des Alpenbogens heran und üben mitunter eine wichtige Zubringerfunktion für die großen Alpentransversalen in Österreich aus. Nebenbahnen wie die Linie Biessenhofen – Füssen im Landkreis Ostallgäu enden hingegen dort, wo die Berge anfangen. Vor der Kulisse von Schloss Neuschwanstein des bayerischen Märchenkönigs Ludwig II. rollt im Winter 1996 ein Vorserientriebzug der Baureihe 628.0 in Richtung Füssen.   Foto: Markus Hehl

Eine Elektrolok der ÖBB-Baureihe 1044 zieht ihren Güterzug am 6. April 2003 auf der Arlbergbahn. Sie ist hier in der Nähe des Radonatobels. Auf diesem Streckenabschnitt hatten mit Schiefer-felsen durchsetzte Dolomitfelsen umfangreiche Sprengarbeiten notwendig gemacht. Murenabgänge machen hier der Bahn mitunter sehr zu schaffen.
Foto: Stefan Geisenfeld

„Die Bahn über den Berg", so wird die 1854 eröffnete Semmeringbahn mitunter ehrfurchtsvoll genannt. Tatsächlich ist die berühmte Gebirgsbahn zwischen Gloggnitz in Niederösterreich und Mürzzuschlag in der Steiermark die erste Alpenbahn überhaupt. Eindrucksvolle Bauwerke wie der Viadukt über den Oberen Adlitzgraben (Bild unten) wurden einst wie Möbelstücke in die Landschaft „hineinkomponiert".
Foto: Markus Hehl

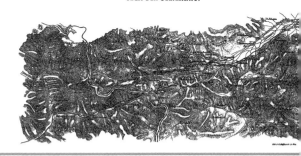

Nach der Fertigstellung der Semmeringbahn 1854 wurde ein Leporello veröffentlicht, das motivlich komprimiert den gesamten Verlauf der spektakulären Nordrampe von Payerbach bis zum Bahnhof Semmering darstellte. Die Beschriftung der Abbildung des Leporellos folgt der Originalschreibweise. Repro: Markus Hehl

Der Semmering, die Passhöhe zwischen Niederösterreich und der Steiermark, wurde vor allem durch den Bau der ersten Eisenbahn über die Alpen bekannt. Die malerische Bergwelt am Semmering war aber auch Tummelplatz für die dekadente Elite des „Fin de siècle". Die oberen Zehntausend der Donaumonarchie schufen sich in Villen und Luxushotels ein Reservat ihrer Lüste und Launen. Doch heute ist der Semmering, der wie kaum eine andere europäische Landschaft die Reize von Kultur, Natur und Technik vereint, nicht mehr „schick". Herrschaftliche Häuser werden verramscht, ehemals feine Adressen verfallen zu Ruinen. Sogar die Eisenbahn mit ihren kunstvollen Bauwerken, die einst Leben auf den Pass brachte, soll in einen Basistunnel verlegt werden – obwohl sie zwischenzeitlich zum Weltkulturerbe erklärt wurde.

„Es gibt jetzt keinen Berg, über den man nicht eine Eisenbahn führen, keinen Fluss mehr, über den man nicht eine Brücke schlagen könnte." Voller Euphorie berichtet ein Leitartikel des „Lloyd" 1854 von der Fertigstellung der Semmeringbahn. Wie ein Paukenschlag ging die Nachricht durch die Gazetten: Erstmals war es gelungen, eine Eisenbahn über die Alpen zu bauen.

Schon früh wurde in Österreich über den Bau von Fernbahnen diskutiert, die den gewaltigen Vielvölkerstaat zusammenhalten und Österreich den Anschluss an das Industriezeitalter garantieren sollten. Und so entstand 1830 auch der erste Plan für eine Eisenbahn von Wien nach Triest, das als wichtigster Hafen des Habsburgerreiches galt. Dabei wurde der Semmering zum zentralen Problem der Planung. Die Gleise vom niederösterreichischen Gloggnitz auf den Gebirgspass hinauf führen und den Abstieg nach Mürzzuschlag in der Steiermark meistern, damit stand und fiel das Unternehmen.

Zwischen Breitenstein und Semmering befinden sich mit dem Viadukt über die Krauselklause, dem kurzen Krauseltunnel und dem Viadukt über die Kalte Rinne (im Hintergrund links) drei der herausragenden Bauwerke. Foto: Sammlung Hehl

Die „Venedigerstraße"

Jahrhundertelang waren Kaufleute auf dem Weg von Wien zur Adria über den knapp tausend Meter hohen Semmering gezogen. Was über den Pass kam, stapelte sich an den Kais der Handelsmacht Venedig oder wurde in Wien unters Volk gebracht – die Donaumetropole war die wichtigste Relaisstation zwischen Breslau und der Adria, zwischen Südeuropa und dem Nordosten. Der Semmering war die so genannte „Venedigerstraße".

Das kleine Dorf Schottwien am nördlichen Fuß des Semmerings hatte dabei besondere Bedeutung. Eingekeilt zwischen steil aufragenden Bergwänden war es Nadelöhr und Ausgangspunkt für die beschwerliche Reise über den Berg. Kaufleute wechselten dort ihre Pferde und mieteten Ochsen an, die den Karren oft mehrfach vorgespannt wurden. Dennoch blieb der Anstieg ein waghalsiges Unternehmen: Wagenräder brachen, Fuhrleute fluchten, so manche Ladung erreichte die Höhe nur mit knapper Not. Mit dem Bau der geplanten Bahnlinie sollte der Semmering seinen „Schrecken" verlieren.

Mitte der 30er-Jahre des 19. Jahrhunderts legten Vertreter wichtiger Handelshäuser in Triest ein Gesuch vor, in dem eine Bahnverbindung von Triest nach Wien über die Steiermark vorgeschlagen wurde. Der topographisch einfachere Weg über Ungarn war bei diesem Teilstück der neuen Verbindung „zwischen der Adria und der Nordsee" nicht vorgesehen. Zum einen sollte dadurch die Steiermark wirtschaftlich gestärkt werden, zum anderen bevorzugten Politiker und Militärstrategen eine Trasse über ausschließlich österreichisches Gebiet.

Erzherzog Johann, ein fortschrittlicher und technischen Neuerungen außerordentlich aufgeschlossener Mensch, der bereits 1825 ein Konzept für ein mitteleuropäisches Verkehrssystem vorgelegt hatte, bat den Kaiser um die Erlaubnis, Angehörige des „Ingenieur-, Sappeur- und Mineur-Korps", deren Oberbefehlshaber er war, für die Ausarbeitung der Linie Triest – Wien verwenden zu dürfen. Der Kaiser stimmte zu. Doch das Ergebnis der Untersuchung, das 1839 vorlag, war bezüglich des Semmerings nicht sehr ermutigend: Der Alpenübergang erschien den Technikern mit herkömmlichen Mitteln nicht zu überwinden. Sie schlugen vor, die Gleise von Wien ohne nennenswerte Steigung bis dicht an den Berg heran zu führen und die anschließende Steilstrecke über den Pass nach Mürzzuschlag als Pferdebahn zu bauen.

Was kann die Reibungskraft?

Da die Reibungskraft zwischen Rad und Schiene lange Zeit unterschätzt wurde, war bis in die 40er-Jahre des 19. Jahrhunderts die Frage nach dem geeignetsten Eisenbahnsystem offen. Anfangs ging man davon aus, dass herkömmliche Dampflokomotiven zum Befahren von Steigungen und zum Schleppen schwerer Lasten nicht zu gebrauchen seien. Eine Neigung der Gleise von fünf Promille wurde als Obergrenze angesehen.

Schon der Engländer Richard Trevithick, der 1803 die erste Dampflokomotive gebaut hatte, fürchtete das Schleudern der Räder. Um den Reibungswert zu verbessern, ließ er die Räder seiner Lok außerhalb der Laufflächen mit Nägeln beschlagen, deren Köpfe in das Holz der Langschwellenbahn eingriffen. 1811 konstruierte John Blenkinsop eine Lok, bei der ein Zahnrad außen an der Schiene in Stifte eingriff. Auch die erste in Deutschland gebaute Lok, die 1815 von der Königlichen Eisengießerei in

Berlin ausgeliefert wurde, folgte diesem Konstruktionsprinzip. Dem Misstrauen gegenüber der Haftreibung ensprang auch eine 1812 von Edward Chapman gebaute Maschine, die sich mit Hilfe eines Kettenrades an einer zwischen den Schienen gespannten Kette entlang zog. Der wohl kurioseste Entwurf aber stammt von William Brunton, der 1813 ein „Dampfpferd" entwarf. Die „Steamhorse" besaß zwei pferdefuß-ähnliche mechanische Beine, die durch einen Kolben bewegt wurden und sich abwechselnd gegen den Erdboden stemmten.

Parallel zu den Lokomotiven verbesserten die Konstrukteure auch die Technik der Schienen. Anfangs wurden Holzbalken verwendet, die mit gusseisernen Platten belegt waren. Später entwickelte man gusseiserne Winkelschienen und Stegschienen aus Schmiedeeisen. Schließlich kamen ab 1820 gewalzte Schienen zum Einsatz. Diese Entwicklung förderte die Bedenken, ob die Haftreibung zwischen den glatten Schienen und den ebenso glatten Rädern ausreichen würde, um eine Lokomotive und deren Anhängelast auch nur in der Ebene fortzubewegen. Es wurden sogar Versuche mit angerauhten Radreifen durchgeführt.

Endlich entschloss sich 1813 William Hedley dazu, die Reibungsverhältnisse zwischen Rad und Schiene genau zu untersuchen: Mit einem von Hand angetriebenen Schienenwagen gelang ihm der Nachweis, dass bei entsprechender Belastung der Treibachse die Reibung zwischen Rad und Schiene ausreicht, um größere Lasten zu ziehen. Die daraufhin von Hedley gebaute „Puffing Billy" besaß glatte Räder ohne jegliche Hilfseinrichtungen.

Damit schien geklärt: Eisenbahnen würden in der Ebene im reinen Reibungsbetrieb fahren können. Doch wie sollten

Viaduct bei dem Kartner Kogel   Tunnel durch den Wolfsberg   Obere Adlitzgraben   Weberkogel Tunnel   Viaduct über den unteren Adlitzgraben

Bollers Tunnel   Stations-Platz Breitenstein   Weinzettel Wand

iaduct über die kalte Rinne   Viaduct über die Krausel Klause   Weinzettel Feld Tunnel

Bis zu 10.000 Arbeiter waren in den Jahren 1848 bis 1854 beim Bau der Semmeringbahn beschäftigt. Technische Hilfsmittel gab es kaum. Meter für Meter rangen die Männer und Frauen der Bergwelt die Trasse der Eisenbahn ab. Noch während der Bauarbeiten wurde im Auftrag des Staates ein ganzer Bilderzyklus angefertigt, der die Bauplätze, die Arbeiter und die herausragenden Viadukte und Tunnels darstellte. Der Viadukt über die Kalte Rinne als größtes Bauwerk im Verlauf der Strecke wurde dadurch schnell zum weithin bekannten Symbol für die Semmeringbahn. Einige dieser überaus wertvollen Darstellungen befinden sich heute in den Archiven des Technischen Museums in Wien sowie in der Gemeindeverwaltung Semmering. Das Bild links zeigt einen der ersten Dampfzüge auf dem soeben fertig gestellten Viadukt über die Kalte Rinne. Rechts oben ist ein frühes Stadium der Arbeiten mit hölzernem Baugerüst zu erkennen.
Repros: Markus Hehl

Viaduct über den Gamperl Graben   Viaduct über den Wagner Graben

größere Steigungen überwunden werden? Wie sollte die Eisenbahn über Berge und Höhenzüge geführt werden? Findige Konstrukteure erdachten zahlreiche Sondersysteme, die sich im Einzelfall durchaus bewährten, die aber für einen flächendeckenden und rationellen Eisenbahnbetrieb wenig hilfreich waren. So entstanden beispielsweise Standseilbahnen, die durch Pferde, Wasserballast, komprimierte Luft oder Mühlräder angetrieben wurden. Große Hoffnungen setzte man in die 1838 von Samuel Clegg konstruierte „atmosphärische Eisenbahn": Dabei wurden die Fahrzeuge durch einen an der Unterseite angebrachten Kolben bewegt, der in einer zwischen den Schienen liegenden Röhre lief. Eine dampfbetriebene Luftpumpe verdünnte die Luft vor dem Kolben – die Wagen bewegten sich durch die Wirkung des Unterdruckes. Doch bald stellte sich heraus, dass das System in der Praxis nicht zu gebrauchen war.

Ghega und der Semmering

In Österreich wurde indessen im Dezember 1841 der Bau von Hauptbahnen zur Staatssache erklärt – diese wichtige Aufgabe sollte zukünftig nicht mehr der Privatwirtschaft überlassen bleiben. Zum Oberinspektor der „südlichen Staatsbahn Wien – Triest" wurde der 40-jährige Karl Ghega ernannt. Ghega war am 10. Januar 1802 als Sohn eines in österreichischen Diensten stehenden Marine-Beamten in Venedig geboren worden. An der Universität von Padua promovierte er zum Doktor der Mathematik und arbeitete in den Provinzen Norditaliens als Bauleiter bei Straßen, Brücken, Gebäuden und Wasserschutzbauten. 1836 wurde er ins Planungsteam der ersten Österreichischen Eisenbahn berufen.

Um den Betrieb auf Bergstrecken zu studieren, unternahm Ghega unter anderem Reisen nach England und Nordamerika. Allein in den USA besichtigte er 39 Eisenbahnen mit 2413 Kilometern Gesamtlänge.

Die dabei gewonnenen Erfahrungen prägten seine Baugrundsätze: Abkürzende Sondersysteme, wie Spitzkehren oder Seilbetrieb, lehnte Ghega ab. Stattdessen plante er am Semmering eine normale Lokomotiveisenbahn, die durch das Ausfahren von Seitentälern mit Steigungen bis zu 25 Promille an Höhe gewinnen sollte. Ghega war sich dessen bewusst, dass für solche Steigungen damals keine entsprechend leistungsfähigen Lokomotiven zur Verfügung standen. Er vertraute auf den Fortschritt der Maschinentechnik und glaubte fest daran, dass bis zur Fertigstellung der Strecke die passenden Dampflokomotiven zur Verfügung stehen würden. Damit stürzte er sich und das Projekt in ein ungewisses – wenn auch kalkulierbares – Experiment.

Nach seiner Rückkehr aus Amerika begann er mit den Trassierungsarbeiten. Mehrere Varianten wurden geplant und wieder verworfen. Ghega selbst durchwanderte mehrmals die zerklüfteten Berge zwischen Gloggnitz und Mürzzuschlag – immer im Bewusstsein, mit seinem Vorhaben an den Grenzen des Machbaren zu wandeln.

Die Gebirgslandschaft stellte die Vermesser vor bisher unbekannte Probleme. Brauchbare Karten waren kaum vorhanden. Auch die bisher üblichen Methoden der Vermessung konnten in den Bergen nicht angewendet werden. Eigens für die Semmeringbahn wurde das „Stampfer'sche Nivellier-Höhen- und Längenmessinstrument" entwickelt, das in den folgenden Jahrzehnten zum wichtigen Hilfsmittel der Geodäsie werden sollte.

1846 hatte Ghega den Entwurf der Bahn abgeschlossen; ein Jahr später waren auch die Detailplanungen weitgehend fertig. Endlich gab die Revolution des Jahres 1848 den entscheidenden Anstoß für den Beginn der Arbeiten.

Carl Ghega

Carl v. Ghega.

Der leitende „Ingenieur-Architekt" beim Bau der Semmeringbahn wurde am 10. Januar 1802 als Sohn eines Marinebeamten in Venedig geboren. Er studierte an der Universität in Padua und promovierte dort zum Doktor der Mathematik. 1836 wurde er in das Planungsteam der ersten österreichischen Eisenbahn berufen. Zahlreiche Studienreisen führten ihn unter anderen nach England und zu den Gebirgsbahnen in Nordamerika. 1848 wurde er zum General-Inspektor für die Staatseisenbahnbauten in Österreich ernannt. In dieser Funktion leitete er in den folgenden Jahren den Bau der Semmeringbahn. Für seine Verdienste wurde er 1851 in den Adelsstand erhoben und durfte sich fortan „Carl Ritter von Ghega" nennen. Er starb am 14. März 1860 im Alter von 58 Jahren in Wien.

Denn für die Machthaber in Wien war die Baustelle am Semmering eine willkommene Gelegenheit, die revoltierenden Proletarier abzuschieben und fernab von der Hauptstadt unterzubringen.

In der explosiven Stimmung der Revolutionstage wurde im Juni 1848 innerhalb kürzester Zeit der Entwurf Ghegas genehmigt und der Bau öffentlich ausgeschrieben. Doch nach der Bekanntgabe brach in der Fachwelt ein heftiger Streit über die Trassenführung und das gewählte System aus. Einige Fachleute ließen sich nicht davon abbringen: Die Reibungskraft zwischen Rad und Schiene sei nicht ausreichend. Die Semmeringbahn wurde zum Zankapfel der politischen Fraktionen – die Pläne Ghegas gerieten zum Gespött konservativer Techniker. Der Regierung wurde „Verschleuderung von Steuergeldern" vorgeworfen. Immer wieder wurde behauptet, dass eine Neigung von zehn Promille die Grenze für den Schienenbetrieb darstelle. Steilere Strecken zu bauen, sei eine „Verirrung des menschlichen Geistes", die Züge würden „herabstürzen" oder „abgleiten". Die Bahn werde als unbenützbare Ruine dem „zerstörenden Zahn der Zeit" anheim fallen. Der Österreichische Ingenieurverein wurde nicht müde, die Ghega-Bahn heftig zu attackieren. Selbst als die Bauarbeiten längst begonnen hatten, forderte der Verein statt der Lokomotivbahn ein System von insgesamt 14 Seilbahnrampen über den Semmering.

Ungeachtet dessen wurde die Semmeringbahn in 14 Baulose unterteilt und an verschiedene Unternehmer vergeben. Zunächst wurden die Arbeiter morgens mit Sonderzügen über die bereits bestehende Wien-Gloggnitzer-Eisenbahn zur Baustelle gebracht und abends wieder nach Hause gefahren. Bald aber wurden Barackensiedlungen für bis zu 10.000 Arbeiter errichtet. Sechs Jahre lang wurde der Semmering vom Heer der Arbeiter belagert. Gespanne mit Bauholz, Steinen oder Ziegeln quälten sich durch die engen Schluchten hinauf zur Trasse. Fels wurde gesprengt, Dämme aufgeschüttet, Einschnitte gegraben. Auf den 42 Kilometern zwischen den Stationen Mürzzuschlag und Gloggnitz entstanden 15 Tunnels mit einer Gesamtlänge von 4,5 Kilometern. Dazu elf Eisenbrücken, 16 große und 118 kleine Steinbrücken. Mauern von insgesamt 13 Kilometern Länge stützten die Strecke. 2,1 Millionen Kubikmeter Erdreich wurden mühsam von Hand bewegt. 64,5 Millionen Ziegel waren für die Erstellung der Kunstbauten nötig.

Ein besonders heikles Teilstück war der 1400 Meter lange Scheiteltunnel unter der Passhöhe. Zehn Schächte wurden gebohrt, um die Tunnelröhre zu belüften und das Material aus dem Berg zu schaffen. Immer wieder drang Wasser ein. Das Gestein war unregelmäßig gelagert und bereitete zusätzliche Schwierigkeiten. Die Arbeiter sprengten sich mühsam mit Schwarzpulver in Tag- und Nachtschichten durch den Fels.

Um die Strecke, die Baustelle, die Arbeiter und um Carl von Ghega ranken sich zahllose Veröffentlichungen, Romane und Erzählungen. Noch während der Bauarbeiten wurde die Semmeringbahn zur heroischen Tat stilisiert. Die Arbeit geriet zum Zweikampf zwischen Mensch und Natur, zum Duell zwischen Bahn und Berg. Dennoch wurde der Reiz der Semmering-Landschaft nicht durch die Eisenbahn zerstört. Im Gegenteil: Die Ingenieure waren sich der Tragweite ihrer Arbeit bewusst. Sie griffen in eine Natur ein, die den Menschen in der Mitte des 19. Jahrhunderts wie ein romantischer Zaubergarten erschien. Die Berge und Täler, die bewaldeten Kuppen und dunklen Abgründe, die Ausblicke auf die schneebedeckten Berge der Umgebung – das alles übte einen Reiz auf den Betrachter aus.

Ghega und seine Ingenieure versuchten, dem Landschaftsraum mit ihrer Bahn einen würdigen Rahmen zu geben. Natur und Baukunst sollten eine neuartige Symbiose eingehen. Ghega selbst hatte

Ausfahrt aus dem Weinzetteltunnel: Um das Jahr 1930 dampft ein Zug bergwärts in Richtung Semmering. Nur wenige Meter, dann verschwindet der Zug wieder und taucht in den Weinzettelfeldtunnel ein.
Foto: Sammlung Hehl

Stations-Platz Eichberg   Pottenbach Tunnel

während seiner Studienzeit in Padua neben einer mathematischen auch eine Architekturausbildung erhalten. Damit war er ein Vertreter der so genannten „Ingenieur-Architekten" jener Jahre. Der Zeitgeist fand in den abwechslungsreichen Landschaften des Semmerings sein Idealbild – und ganz danach gestaltete Ghega auch die Trasse der Bahn. Selbst das Erlebnis der späteren Bahnfahrt wurde bedacht. Romantische Naturliebhaber sollten aus dem sicheren und bequemen „Fauteuil" im Eisenbahnwaggon einer Art Landschaftstheater frönen: Alpengipfel und Felsschluchten, daneben wie zufällig die Ruine der Feste Klamm.

Ghega ging sogar soweit, dass er in der senkrecht abfallenden Weinzettelwand eine spektakuläre Galerie plante, die den Fahrgästen einen Hell-Dunkel-Kontrast bescheren sollte, eine Abfolge von Ausblicken in die Schwindel erregende Tiefe. Doch der geplante Effekt forderte seinen Tribut: Bei einem Felsrutsch stürzten 14 Arbeiter in den Tod – die Leichen wurden nie geborgen. Ghega musste die Pläne ändern und die Trasse in einem Tunnel durch die Weinzettelwand führen.

Auch die Architektursprache blieb nicht dem Zufall überlassen. Noch kurz vor dem Baubeginn wurden verschiedene Stilrichtungen abgewogen: So finden sich beispielsweise in den Archiven unterschiedliche Entwürfe für das Portal des Scheiteltunnels. Wahlweise werden Fassaden im „gothischen Stile", im „römischen Stile" und im „egiptischen Stile" dargestellt. Auch der Viadukt über die Kalte Rinne, die größte Brücke der Semmeringbahn, wurde in mehreren Alternativen entworfen – darunter eine funktionelle Eisenkonstruktion und eine Version mit neugotischen Spitzbögen.

Diese stilistischen Überlegungen wurden vor dem Hintergrund einer allgemei-

nen Diskussion über die Architektur geführt: Seit dem späten 18. Jahrhundert verbreitete sich in Deutschland und Österreich der sogenannte „altdeutsche Baustil" mit seinen Elementen, die der Gotik entliehen wurden. Dieser „neugotische Stil" fand seine Anhänger vor allem in Kreisen des deutsch-national gesinnten Bürgertums, aus dem sich auch die Revolutionäre des Jahres 1848 rekrutierten. Hingegen schrieb das kaiserliche Hofbauamt in Wien bei öffentlichen Aufträgen noch immer den Klassizismus vor. So wurde die Stilfrage der Semmeringbahn letztendlich politisch entschieden: In einer Zeit revolutionärer „Umtriebe" sollte auch die Architektur den Herrschaftsanspruch der Staatsmacht unterstreichen. Galerien, Viadukte und Tunnelportale hatten dem Vorbild römisch-antiker Bauten zu folgen. Brücken wurden wie Möbelstücke in ihre Umgebung hineinkomponiert und demonstrierten mit gewaltiger Baumasse ein Stück staatliches Selbstbewusstsein.

Der Lokomotivwettbewerb

Endlich bewies 1851 ein eigens ausgeschriebener Lokomotivbau-Wettbewerb, dass herkömmliche Dampflokomotiven in der Lage waren, die Semmeringbahn zu befahren. Ghega triumphierte. Jahrelang war „seine" Bergbahn, die auf dem Prinzip des normalen Lokomotivbetriebes basierte, selbst von Fachleuten scharf kritisiert worden. Ohne ausreichende Erfahrung, ohne konkrete Vorbilder hatte er im Gebirgsterrain Pionierarbeit geleistet. Doch erst die erfolgreichen Ergebnisse des Lokomotiv-Wettbewerbes hatten die Richtigkeit seiner Pläne bewiesen. Als Anerkennung seiner Leistungen wurde er am 22. Juni 1851 in den Adelsstand erhoben und durfte sich fortan Carl Ritter von Ghega nennen.

Die restlichen Bauarbeiten kamen schnell voran. Am 24. September 1853

Die Galerie in der Weinzettelwand bietet den Fahrgästen auf der Semmeringbahn eine schnelle Abfolge von Ausblicken in die Schwindel erregende Tiefe der Adlitzgräben. Foto: Sammlung Hehl

Über 100 Seiten Eisenbahn pur .

Das LOK Magazin – das sind Monat für Monat über 100 Seiten prall gefüllt mit Insiderwissen über das große Vorbild: ausführliche Beiträge über Aktuelles, Fahrzeuge und Geschichte sowie eindrucksvolle Bilder vermitteln Ihnen einen umfassenden Einblick in die faszinierende Welt der Lokomotiven. Mit ingenieurtechnisch vertiefenden Artikeln über bemerkenswerte Fahrzeuge hat sich das LOK Magazin bereits vor über 40 Jahren einen Namen gemacht – ein Anspruch, der auch heute noch gilt. Mit den ständigen Serien „Fahrzeugporträt", „Wie funktioniert das?" und „Im Führerstand" ist das Magazin jeden Monat einer Vielzahl technischer Zusammenhänge auf der Spur, die jeden Eisenbahnfan begeistern...

erreichte der erste Probezug von Mürzzuschlag kommend den Viadukt über die
Kalte Rinne. Einen Monat später war die
gesamte Linie befahrbar. Kaiser Franz
Joseph und seine Gattin besuchten nun
mehrmals die Strecke, die am 15. Mai
1854 für den Güterverkehr freigegeben
wurde. Am 17. Juli 1854 fuhr der erste
Personenzug über die Semmeringbahn,
die somit als erste Eisenbahn über die
Alpen und als erste Hochgebirgseisenbahn Europas in die Annalen einging.

„Und als wir dann abwärts stiegen,
da sahen wir drüben in den wilden Schroffwän-
den unseren Eisenbahnzug gehen
– klein wie eine Raupe –
und über hohe Brücken, fürchterliche Abgründe
setzen, an schwindelnden Hängen gleiten,
bei einem Loch hinein,
beim andern hinaus – ganz verwunderlich.“

Aus der 1900 bis 1902 entstandenen Erzählung
„Als ich noch der Waldbauernbub war"
des steirischen Volksschriftstellers Peter Rosegger (1843–1918)

Eine Eisenbahnstrecke wird Attraktion

Schnell verbreitete sich die Kunde von
den Fahrten über die dramatische Strecke.
Menschen aus Nah und Fern strömten
herbei. Die Landschaft, die den Technikern so lange Kopfzerbrechen bereitet
hatte, erhielt plötzlich eine neue Funktion. Sie war nicht mehr Hindernis auf
dem Weg nach Triest, sondern Ziel für
Ausflügler und Urlauber. Die klare Berg-
luft und das Panorama taten ein übriges.
Die Sommerfrische in den Bergen südlich
von Wien kam „in Mode". Die Gegend
zwischen Rax, Schneeberg und Semmering wurde zum Tummelplatz für Adelige
und Reiche aus allen Teilen der Monarchie. Kaiser Franz Joseph lobte die „kräu-
terdurchwürzte Luft" im Reichenauer Tal,
Kronprinz Rudolph zeigte sich in Tracht
und Lederhose – das Habsburgerhaus

wurde zum wirksamsten Werbeträger für
den Aufenthalt in der Provinz.

Die private Südbahn-Gesellschaft, die
1859 den Betrieb auf der Semmering-
bahn übernommen hatte, ließ 1882 das
erste Hotel errichten. Das später weltbe-
kannte „Südbahnhotel" wurde zum
Vorläufer weiterer Nobelherbergen wie
„Panhans" oder „Palace". Über Jahrzehnte
hinweg gaben sich in den Grandhotels
Prominente und Künstler, Literaten,
Adelige und Neureiche die Klinke in die
Hand. Oskar Kokoschka holte sich neue
Inspirationen und Heimatschriftsteller
Peter Rosegger brachte seine Zuneigung
für die Gegend in mehreren Büchern zu
Papier. Stefan Zweig erkor das Südbahn-
hotel zur Kulisse für sein Werk „Brennen-
des Geheimnis" und Karl Kraus wählte
das Hotel als Schauplatz für „Die letzten
Tage der Menschheit". Peter Altenberg
schlurfte in seinen genagelten Holzschu-
hen durch die Korridore und Thomas
Mann beschrieb Details aus dem Süd-
bahnhotel in seinem „Zauberberg". Die
Gästelisten lassen sich beliebig erweitern.
Namen wie Josephine Baker gehören
ebenso dazu, wie Heinz Rühmann,
Richard Strauss, Gustav Mahler, Franz
Werfel, Greta Garbo oder Zarah Leander.

Villen, Pensionen und Landschlösser
schossen Ende des 19. Jahrhunderts am
Semmering allerorts in die Höhe. Jugend-
stil und Historismus trieben bunte Blüten.
Fassaden wurden zum eitlen Spiegelbild
ihrer Bauherrn. In Reichenau übertrafen
sich Baron Nathaniel Rothschild und die
Kaiserfamilie im Bau von exzentrischen
Pälasten, die unübersehbar die Gegend

beherrschten. Die Suche nach ländlicher
Idylle und die Sucht nach Selbstdarstel-
lung zeugten einen eigenartigen Zwitter
der Architektur. Märchenhaft anmutende
Bauwerke entstanden, überzogen mit
glasierten Dachziegeln, mit kunstvoll
verzierten Wasserspeiern und filigranen
Laubsägearbeiten. Niedlich und gefällig,
aber dennoch von gewaltigem Volumen,
um dem anspruchsvollen Platzbedarf ihrer
Eigentümer gerecht zu werden. Sogar der
kaiserliche Hofschneider wollte im Rahmen seiner finanziellen Möglichkeiten
Aufsehen erregen und bezog 1890 ein
skandinavisches Blockhaus, das in Fertig-
teilen aus Stockholm angeliefert wurde.
Fantasie, Prunk und Protz der egozentri-
schen Semmering-Gesellschaft kannten
keine Grenzen. Das Leben tobte. Der
Semmering wurde in einem Atemzug
genannt mit mondänen Urlaubsorten wie
St. Moritz, Karlsbad, Marienbad oder
Monte Carlo. Dann versetzte der Erste

Zu Ehren des genialen Carl von Ghega wurde am
Bahnhof Semmering ein Monument errichtet,
das noch heute an den Schöpfer der ersten
Alpenbahn erinnert. Der Venezianer selbst hat
wohl kaum damit gerechnet, dass sein Werk
einmal zum Weltkulturerbe erhoben würde.
Foto: Markus Hehl

Die Firma von John Cockerill aus Belgien beteiligte sich mit der „Seraing" am Lokomotivwettbewerb am Semmering.

Gewagt und gewonnen: Der Lokomotiv-Wettbewerb

Unter dem Eindruck der Revolution von 1848 wurde der Bau der Semmeringbahn kurzfristig und geradezu überstürzt beschlossen und begonnen. Die aufgebrachten Arbeitermassen sollten beschäftigt und aus Wien zur Großbaustelle am Semmering abgeschoben werden. Doch zu diesem Zeitpunkt konnte noch niemand mit absoluter Sicherheit garantieren, dass jemals eine normale Dampflokomotive mit der geforderten Anhängelast über die steile Strecke fahren könnte. Im März 1850 wurde deshalb ein mit 20.000 „vollwichtigen kaiserlichen Ducaten" dotierter internationaler Lokomotivbauwettbewerb ausgeschrieben. Die Unterlagen wurden in Deutsch, Französisch und Englisch ausgegeben und enthielten eine genaue Beschreibung der Bahnanlagen. Bei ungünstigsten Krümmungsverhältnissen, einer Maximalsteigung von 25 Promille und einer Last von 140 Tonnen sollten die Lokomotiven eine Geschwindigkeit von rund elf Stundenkilometern erreichen. Zweimal wurde der Ablieferungstermin auf Wunsch der Teilnehmer verschoben. Endlich trafen am 31. Juli 1851 vier Lokomotiven in Payerbach ein: Die „Bavaria" von Maffei in München, die „Seraing" von John Cockerill aus Belgien, die „Wiener-Neustadt" der Firma Günther in Wiener Neustadt und die „Vindobona" aus der Maschinenfabrik der Wien-Gloggnitzer-Eisenbahn-Gesellschaft. Diese Lokomotiven, die sehr unterschiedlichen Konstruktionsprinzipien folgten, absolvierten zwischen dem 13. August und dem 16. September 1851 auf einem bereits fertiggestellten Streckenstück ihre Probefahrten. Unter den strengen Augen der Jury, der auch Carl Ghega angehörte, musste jede einzelne Maschine ihre Leistungsfähigkeit unter Beweis stellen.

Das Ergebnis war erstaunlich: Alle vier Lokomotiven bewältigten das aufgestellte Leistungsprogramm. Mit Abstand am besten aber schlug sich die „Bavaria" aus der Maschinenfabrik von Joseph Anton Maffei in München. Sie besaß einen besonderen Kettenantrieb, mit dessen Hilfe alle Räder angetrieben wurden – somit konnte die gesamte Masse von Lokomotive und Tender als Reibungsgewicht genutzt werden.

Carl von Ghega fiel ein Stein vom Herzen. Er hatte den Bahnbau 1848 im Vertrauen darauf begonnen, dass sich die Lokomotivtechnik rasch weiter entwickelt und eines Tages eine Maschine zur Verfügung steht, welche die steile Semmeringbahn auch tatsächlich bezwingen würde. Er hatte trotz heftiger Kritik viel gewagt – und behielt am Ende Recht. ■

In den Werkstätten der Wien-Gloggnitzer-Eisenbahn-Gesellschaft in Wien war die „Vindobona" entstanden, die ebenso wie alle anderen Maschinen das geforderte Leistungsprogramm erfüllte.

Die „Bavaria" der Münchner Firma Maffei brachte mit einem zusätzlichen Antrieb am Schlepptender besonders viel Zugkraft auf die Schienen und ging als eindeutiger Sieger aus den Wettfahrten hervor.

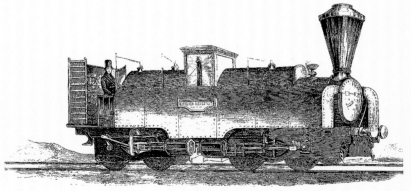

Die „Wiener-Neustadt" war in den Werkstätten der Firma Günther in Wiener Neustadt gebaut worden und trat ebenfalls zum Wettkampf der Lokomotiven an.

Die Semmering-Landschaft heute: Der Zahn der Zeit nagt an den stolzen Fassaden der Vergangenheit. Zahlreiche Villen und Hotels stehen leer oder suchen eine neue Nutzung. Foto: Markus Hehl

Die Internationale Schlaf- und Speisewagen-Gesellschaft CIWL veröffentlichte Anfang des 20. Jahrhunderts diese Ansichtskarte. Im bequemen und warmen Speisewagen genießen die Fahrgäste die Fahrt über den winterlichen Semmering. Rechts im Hintergrund die Ruine Klamm. Foto: Sammlung Hehl

am 2. Dezember 1998 im japanischen Kyoto die Semmeringbahn und deren umgebende Kulturlandschaft zum Weltkulturerbe. Damit wurde erstmals eine ganze Eisenbahnlinie mit Bauwerken, Viadukten und Tunnels in den Rang eines weltweit bedeutenden Kulturdenkmals erhoben. Dennoch fürchten viele Einheimische den Bau des neuen Basistunnels: Sie glauben, dass das Leben auf der Passhöhe gänzlich erlischt, wenn der Berg erst einmal „durchbohrt" ist.

Weltkrieg dem frivolen Treiben einen Schuss vor den Bug – das Vergnügungsschiff dampfte mit halber Kraft weiter: Nach einer kurzen Zwischenblüte in den 30er-Jahren traf die Kapitulation des Deutschen Reiches im Jahr 1945 den Lebensnerv des Refugiums. Die russischen Besatzer beschlagnahmten Villen und Hotels. Der Urlaubsbetrieb fand ein jähes Ende. Nach dem Zweiten Weltkrieg, lockten andere Reiseziele: Rimini, Mallorca oder Teneriffa wurden zum Inbegriff einer neuen Tourismuswelle. Am Semmering gingen die Betriebe scharenweise in Konkurs. Was übrig blieb, konnte sich nur mit Not über Wasser halten.

Heute bietet sich selbst im August zur Hochsaison eine gespenstische Szenerie: Ehemals erstklassige Adressen sind verblichen. An den Resten der Vergangenheit nagt die Zeit. Villen und Paläste stehen leer, Fensterläden sind verschlossen, durch löcherige Dachrinnen tropft der Regen. In den Parks wuchert das Unkraut, Efeu umrankt steinerne Treppengeländer, herrschaftliche Landsitze verkommen zu Ruinen.

Jetzt soll sogar die Bahn, die den Anstoß gab für den glanzvollen Aufstieg des Semmerings, durch einen 22 Kilometer langen Basistunnel ersetzt werden. Die geplante und heftig umstrittene Hochleistungsstrecke würde die knapp 50-minütige Reisezeit zwischen Gloggnitz und Mürzzuschlag um rund eine halbe Stunde verkürzen. Nach der Fertigstellung der Tunnelstrecke soll nur noch Regionalverkehr über die altehrwürdige „Ghega-Bahn" rollen, der indessen eine einzigartige Ehrung zuteil wurde: Denn die UNESCO erklärte auf ihrer Konferenz

Heftig umstritten: Der Semmering-Basistunnel

Der geplante 22,1 Kilometer lange Semmering-Basistunnel gehört zu den am heftigsten umstrittenen Bahnprojekten im Alpenraum.

Der Tunnel soll im Zuge der Südbahn Wien – Graz im Abschnitt zwischen Gloggnitz und Mürzzuschlag die bestehende Strecke vom Güter- und Personenfernverkehr entlasten. Denn die alte Ghega-Bahn aus dem Jahr 1854 ist derzeit die am stärksten belastete österreichische Bergstrecke. Schon 1989 begann die Hochleistungsstrecken AG mit der Planung des Projektes, das vor allem von Umweltverbänden stark kritisiert wird, da man eine nachhaltige Störung des Wasserhaushaltes im Gebirge befürchtet. Ungeachtet dessen wurde 1994 ein erster Sondierungsstollen in den Berg getrieben. Dann aber wurden die Arbeiten wieder eingestellt.

Nach einer eventuellen Fertigstellung des Basistunnels würde die Ghega-Bahn nur noch dem Regionalverkehr dienen.

Immer wieder wird die Semmering-bahn aufgrund ihrer schwierigen Streckenverhältnisse mit langen und gleichmäßigen Steigungen sowie engen Kurvenradien für Versuchsfahrten genutzt. Auch die fabrikneue 1110.11 musste am Semmering unter Beweis stellen, was in ihr steckte.
Foto: Sammlung Hehl

Der Schriftsteller Thomas Mann logierte einst im berühmten Südbahnhotel (im Bild rechts oben) und beschrieb zahlreiche Details aus der Nobelherberge in seinem Buch „Der Zauberberg". Tatsächlich mag die Landschaft am Semmering heute mehr denn je wie ein verwunschener Landschaftsgarten wirken, in dem die Züge der Österreichischen Bundesbahnen wie auf der Modellbahn wirken.   Foto: Markus Hehl

Die Kehrseite des Eisenbahnbetriebes in den Bergen: Schneeräumdienst im Bahnhof Payerbach-Reichenau.
Foto: Markus Hehl

Krauss-Maffei in München baute 1957 die spätere V 300 001 der Deutschen Bundesbahn, die als sechsachsige Großdiesellok mit 2200 bzw. später 3000 PS Leistung auf der Semmeringbahn erprobt wurde. Zwischen Gloggnitz und Mürzzuschlag bespannte die Lok unter anderem planmäßige Schnellzüge, denen als erster Wagen stets ein Meßwagen beigestellt wurde.
Foto: Krauss-Maffei, Sammlung Hehl

„All die mächtigen Felsengebilde und Bergschluchten erscheinen erst durchgeistigt und menschlich fassbar, wenn wir sie in den Sklavenketten sehen, in die sie der Menschengeist geschlagen hat."
Der Feuilletonist Vinzenz Chiavacci sah die Semmeringbahn 1890 als Instrument zur Bändigung der Gebirgslandschaft. Im Bild die Ausfahrt aus dem Weinzetteltunnel.
Foto (1992): Markus Hehl

Die Streckenwärterhäuser entlang der Semmeringbahn entstanden in Bruchsteinbauweise nach Plänen von Wilhelm Flattich. Die Bauten waren bewusst einfach gehalten und hatten die Wegmacherhütten der Stilfserjochstraße zum Vorbild. Foto: Markus Hehl

„Abwende jetzt, wenn Taumel fasst die Blicke,
und wenn das Herz im Busen zaghaft pocht –
Titanenhaft hebt Brücke sich auf Brücke,
die fliegend einen Abbruch überjocht ..."

Ludwig August Frankl Ritter von Hochwarth schrieb 1854 das Gedicht „Erste Semmeringfahrt". Ein landschaftliches Erlebnis der besonderen Art ist die Fahrt über den Semmering bis heute geblieben. Im Bild der Viadukt über die Kalte Rinne. Foto (1998): Markus Hehl

Alpenbahnen sind immer auch „Test"bahnen: Einer der weltweit ersten Verbrennungsmotor-Triebwagen mit einem Voith-Flüssigkeitsgetriebe war 1932 auf Probefahrt am Semmering unterwegs. Auf dem Viadukt über die Krausel-Klause entstand dieses Werkfoto der Heidenheimer Firma Voith. Foto: Sammlung Hehl

Nur ein starkes Teleobjektiv ermöglicht diesen Blick in den Tunnel der Weinzettelwand. Soeben eilt ein bergwärts fahrender Regionalzug an den sechs Galeriebögen vorbei, die den Fahrgästen eine Abfolge von Ausblicken in die Tiefe der Adlitzgräben ermöglichen. Die von Carl von Ghega inszenierte Bahnfahrt über den Semmering hat bis heute nichts von ihrer Dramatik eingebüßt.
Foto: Markus Hehl

Die Frage des Baustils wurde Mitte des 19. Jahrhunderts politisch entschieden. In einer Zeit revolutionärer Umtriebe sollte klassizistische Architektur den Herrschaftsanspruch der Staatsmacht unterstreichen. Bauten wie der Viadukt über die Kalte Rinne folgten dem Vorbild römischer Aquädukte und demonstrierten mit gewaltiger Baumasse ein Stück staatliches Selbstbewusstsein.
Foto: Markus Hehl

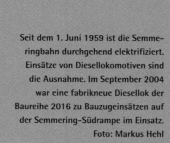

Seit dem 1. Juni 1959 ist die Semmeringbahn durchgehend elektrifiziert. Einsätze von Diesellokomotiven sind die Ausnahme. Im September 2004 war eine fabrikneue Diesellok der Baureihe 2016 zu Bauzugeinsätzen auf der Semmering-Südrampe im Einsatz. Foto: Markus Hehl

Beim Bau der Semmeringbahn wurden zwischen 1848 und 1854 auf der 42 Kilometer langen Strecke zwischen Gloggnitz und Mürzzuschlag 15 Tunnels mit einer Gesamtlänge von 4,5 Kilometern errichtet. Dazu kamen elf Eisenbrücken, 16 große und 118 kleine Steinbrücken. Noch heute rollt der Personen- und Güterverkehr über die alten Bauwerke, die weit gehend im Originalzustand erhalten geblieben sind. Im Bild der Viadukt über den Oberen Adlitzgraben. Foto: Markus Hehl

Die Schnellzug-Dampflok 310.23 aus
dem Jahr 1911 gilt als österreichisches
Paradepferd aus der Zeit der Belle
Epoque und zugleich als Meisterstück
des berühmten Lokomotivbauers
Karl Gölsdorf. Nostalgiesonderzüge
zum Semmering können
kaum mit einer stilvolleren Maschine
bespannt werden.
Foto (Gloggnitz 1992): Sammlung Hehl

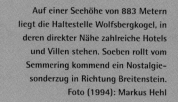

Auf einer Seehöhe von 883 Metern
liegt die Haltestelle Wolfsbergkogel, in
deren direkter Nähe zahlreiche Hotels
und Villen stehen. Soeben rollt vom
Semmering kommend ein Nostalgie-
sonderzug in Richtung Breitenstein.
Foto (1994): Markus Hehl

Ein talwärts fahrender Regionalzug
überquert die Kalte Rinne und taucht
dann in den 337 Meter langen
Pollerostunnel unter der nahezu
senkrecht abfallenden Polleroswand
ein. Foto: Markus Hehl

Der Viadukt über die Kalte Rinne liegt
auf einer Seehöhe von 813 Metern.
Das Bauwerk ist insgesamt 184 Meter
lang, 46 Meter hoch und liegt in einer
Kurve mit einem Halbmesser von nur
190 Metern. Die fünf Gewölbe der
unteren Etage haben eine Spannweite
von je 12,6 Metern; die zehn Gewölbe
der oberen Etage besitzen eine lichte
Weite von jeweils 14,5 Metern.
Foto: Markus Hehl

Der Bahnhof Bozen ist der südliche Endpunkt der Brennerbahn. Schwere Güterzüge aus Richtung Verona erhalten dort Vorspann- und/oder Schiebelokomotiven für die folgende Fahrt zum Brenner. Bahnsteigszene in Bozen im April 2005.
Foto: Markus Hehl

Die Kehrschleife bei St. Jodok gilt als eine der fotogensten Stellen im Verlauf der Brenner-Nordrampe. Am 4. Oktober 1985 war Thomas Wunschel zur Stelle und fotografierte diesen Zug, der mit zwei Lokomotiven der Baureihe 1020 und einer Maschine der Baureihe 1044 talwärts in Richtung Innsbruck rollt.

Die Brennerbahn

Bald nach dem Bau der Semmeringbahn erkannte auch Tirol seine mögliche Bedeutung als Durchgangsland für den Eisenbahnverkehr über die Alpen. Private Pläne zur Überquerung des Brenners waren aber nicht so recht nach dem Geschmack der Politiker im fernen Wien. Und als die Konkurrenz der schweizerischen Transitwege drohte, nahm die Regierung eine Bahn von Kufstein über Innsbruck, Bozen und Trient nach Verona in ihr Bauprogramm auf. Staatsverträge sicherten die Anschlüsse nach Bayern. Endlich wurde 1864 unter der Leitung des Württembergers Carl von Etzel von Norden und von Süden her mit den Arbeiten an der 125 Kilometer langen Strecke begonnen, die bis heute zu den wichtigsten Nord-Süd-Verbindungen über die Alpen zählt.

Ein Pass mit Historie

Schon die Römer kannten die verkehrsgünstige und wintersichere Lage des Brennerpasses, der mit einer Höhe von nur 1370 Metern einen der niedrigsten Alpenübergänge bildet. Die Landschaft am Schnittpunkt zwischen Nord- und Südtirol, die Mitte des 19. Jahrhunderts noch beiderseits der Passhöhe zu Österreich gehörte, sollte nun mit einer großen Nord-Süd-Magistrale durchzogen werden.

Die Voraussetzungen dafür waren bereits mit dem Bau der Zulaufstrecken diesseits und jenseits der Berge geschaffen worden: Die sogenannte „K.k. Nordtiroler Staatseisenbahn" von der bayerischen Grenze bei Kufstein nach Innsbruck war 1858 eröffnet worden. Die „K.k. Südtiroler Staatseisenbahn" von Verona nach Bozen folgte ein Jahr später. Beide Linien wurden später von der privaten Südbahn-Gesellschaft übernommen, die gleichzeitig vom österreichischen Staat dazu verpflichtet wurde, bis zum Jahr 1868 mit der Brennerbahn den Lückenschluss zwischen Innsbruck und Bozen herzustellen.

Doch die topographischen Gegebenheiten waren alles andere als ermutigend: Auf der Nordseite mussten zwischen Innsbruck und dem Brennerpass auf einer Luftlinie von nur 30 Kilometern rund 800 Meter Höhenunterschied überwunden werden. Noch ungünstiger waren die Verhältnisse auf der Südseite, denn allein zwischen dem Brenner und Sterzing bestand eine Höhendifferenz von 425 Metern auf nur 14 Kilometern Distanz.

Angesichts der zu bewältigenden Probleme betraute die Südbahn-Gesellschaft 1861 ihren Baudirektor Carl von Etzel als ausgewiesenen Experten mit der Planung und dem Bau der Strecke. Der gebürtige Württemberger wählte eine Trasse, die im Norden weitgehend vom Tal der Sill und im Süden vom Lauf der Eisack bestimmt wurde. Doch anders als Carl von Ghega, der aufwendige Brücken und Viadukte entworfen und die staatliche Semmeringbahn im Landschaftsbild der Alpen geradezu theatralisch in Szene gesetzt hatte, musste Carl von Etzel sparen und die private Brennerbahn möglichst günstig und einfach bauen.

Ohnehin ließ das Gelände nicht viele Varianten zu. Eine teure Verlängerung der Trasse durch das Ausfahren von Nebentälern wie am Semmering schied weitgehend aus. Um Höhe zu gewinnen, wurden nur die beiden Kehrschleifen von St. Jodok auf der Nordseite und im Pflerschtal zwischen Gossensaß und Schellenberg auf der Südseite gebaut. Carl von Etzel legte die Gleise – um Kosten zu sparen – sogar durch die schroffe Sillschlucht, in die sich kein anderer Planer vor ihm gewagt hatte. Auf diese Weise entstand die Brennerbahn ohne großartige Viadukte, ohne besondere Ausblicke für den Bahnreisenden – einfach und unspektakulär.

Am 23. Februar 1864 begannen die Bauarbeiten am Bergisel-Tunnel in der Nähe von Innsbruck. Die Südbahn-Gesellschaft führte besonders schwierige

Schöpfer der Brennerbahn: Der Württemberger Carl von Etzel

Carl von Etzel gilt als Planer und geistiger Vater der Brennerbahn. Von Etzel wurde am 6. Januar 1812 in Heilbronn geboren und arbeitete als Ingenieur zunächst im Eisenbahnbau in Frankreich. In seiner schwäbischen Heimat entstanden unter seiner Regie unter anderem der alte Stuttgarter Bahnhof und der Enzviadukt bei Bietigheim. Nach Arbeiten in Wien und Basel wurde er 1857 zum Direktor der österreichischen Kaiser-Franz-Joseph-Orientbahn-Gesellschaft ernannt, die sich zwei Jahre später mit der bekannten Südbahn-Gesellschaft vereinigte, deren Baudirektor Carl von Etzel wurde. Krönung und Abschluss seines Lebenswerkes wurde die Planung und der Bau der Brennerbahn. Aber noch im Verlauf der Bauarbeiten erlitt Carl von Etzel am 13. November 1864 einen Schlaganfall. Gezeichnet von den Folgen dieses Schicksalsschlages starb er am 2. Mai 1865 auf der Bahnfahrt von Wien nach Stuttgart. Ein Denkmal im Bahnhof Brenner erinnert noch heute an den hervorragenden Ingenieur.

Am 23. Februar 1864 begannen am Bergisel-Tunnel in der Nähe von Innsbruck mit dem ersten Spatenstich die Bauarbeiten, die in 16 einzelne Baulose aufgeteilt wurden. Besonders schwierige Teilstrecken führte die Südbahn-Gesellschaft selbst aus. Dieser historische Stich zeigt eine Partie der Brenner-bahn am Bergisel. Bild: Sammlung Hehl

Seitentäler ausfahren und dadurch an Höhe gewinnen – diesen Baugrundsatz wandte Carl von Ghega beim Bau der Semmeringbahn an. Am Brenner jedoch erlaubt die Topographie nur zwei Kehrschleifen, eine auf der Nordrampe bei St. Jodok und eine auf der Südrampe bei Gossensass (hier im Bild). Bild: Sammlung Hehl

Nördlich von Bozen nutzt die Trasse der Brennerbahn das Tal der Eisack. Doch die sparsame Bauweise der Strecke wurde vor allem dort zum Verhängnis, denn immer wieder gab es Probleme mit Hochwasser, Steinschlag und Muren. Deshalb hat die Italieni-sche Staatsbahn zwischenzeitlich weite Strecken im Eisacktal in neue Tunnels verlegt. Bild: Sammlung Hehl

Die Eingangshalle des Bozener Bahnhofsgebäudes wird von zwei Statuen flankiert, die mit pathetischer Geste auf die Bedeutung der Technik und der Eisenbahn hinweisen: Die männliche Darstellung links symbolisiert die Dampfkraft; die weibliche Figur rechts stellt die Elektrizität dar.
Fotos: Markus Hehl

Streckenabschnitte selbst aus. Erdbauten wie Einschnitte und Dämme wurden ausgeschaufelt und aufgeschüttet und ersetzten teure Kunstbauten. Streckenweise ließ Carl von Etzel sogar die Wasserläufe von Eisack und Sill verlegen, um auf Tunnels und Brücken verzichten zu können. Unweit von Gossensaß an der Südrampe sprengten die Arbeiter kurzerhand einen Tunnel für die Eisack in den Fels und verlegten anschließend die Gleise der Brennerbahn im nun trockengelegten Bachbett der Eisack.

Für die Brenner-Nordrampe legte Carl von Etzel eine gleichmäßige Maximalsteigung von 25 Promille fest, womit er sich am Steigungsverhältnis der Semmeringbahn orientierte. Die Südrampe wurde etwas flacher mit 22,5 Promille maximaler Neigung gebaut. Die Strecke Innsbruck – Bozen kam damit auf eine Gesamtlänge von 125 Kilometern bei einer Luftlinie von rund 85 Kilometern. Aus geographischen Gründen wurde auf einen Scheiteltunnel verzichtet, denn die Passhöhe wird von einem rund sieben Kilometer langen und nahezu ebenen Hochplateau geprägt. Dieses Plateau zu „unterfahren" hätte einen teuren und absolut unwirtschaftlichen Scheiteltunnel von rund zehn bis elf Kilometern Länge erfordert, wobei die Höhendifferenz zwischen Tunnelröhre und Passhöhe nur 100 bis 120 Meter betragen hätte. Vor diesem Hintergrund wurde die Brennerbahn als einzige Normalspurbahn errichtet, die ohne Scheiteltunnel offen über den Alpenhauptkamm führt.

Mehrsystem-Lokomotiven der Baureihe 1822 der Österreichischen Bundesbahnen bedienen den so genannten Korridorverkehr von Innsbruck über Brenner, Franzensfeste und durch das Pustertal bis nach Lienz in Osttirol. Bahnsteigszene im Februar 2002 am Bahnhof Brenner.
Fotos: Markus Hehl

Die Italienische Staatsbahn bietet heute auf der Pustertalbahn schnelle und komfortable Regional-verbindungen zwischen Franzensfeste und Innichen. Im Sommer 2000 eilt ein Triebwagen unweit von Toblach durch das Pustertal.
Foto: Markus Hehl

Zwischen Innsbruck und Wien: die Pustertalbahn

1866 schied Österreich aus dem Deutschen Bund aus. Somit bestand für die Züge von Innsbruck nach Wien, die bis dahin den Weg über das bayerische Rosenheim nehmen mussten, keine inländische Bahnverbindung mehr mit der Hauptstadt. Erst der Bau der Pustertalbahn, die über Villach den Anschluss zur Semmeringbahn herstellte, konnte diesen Mangel beheben. Innerhalb von nur 26 Monaten wurde die rund 209 Kilometer lange Verbindung von Villach über Lienz, Toblach und Bruneck nach Franzensfeste an der Brennerbahn gebaut. Die Eröffnung fand im November 1871 statt. Besondere Bedeutung erlangte die Pustertalbahn im Ersten Weltkrieg, als sie neben der Brenner-strecke zur wichtigsten Verbindungslinie für die Österreichischen Militärs wurde. Vor allem der Nachschub für den Raum der östlichen Dolomiten rollte über die Pustertalbahn. Noch heute zeugen die erhalten gebliebenen Verladerampen und Reste der großzügigen Gleisanlagen vom einstigen strategischen Wert dieser Strecke. ◼

Unweit von Bruneck erhebt sich die Sonnenburg über die Gleise der Pustertalbahn. Das ehemalige Frauenstift und Kloster war bis vor wenigen Jahren dem Verfall preisgegeben und wird heute nach einer gründlichen Sanierung als stilvolles Hotel genutzt.
Foto: Markus Hehl

Seit der Wiedereröffnung der Vinsch-gaubahn im Mai 2005 fahren planmäßige Züge wieder über Meran hinaus bis nach Mals. Somit ist von Deutschland und Österreich aus über die Brennerbahn, über Bozen und Meran eine weitere wichtige Urlaubsdestination in Südtirol erreichbar. Als im April 2005 im modernisierten Bahnhof von Marling dieses Foto entstand, waren die neuen Dieseltriebwagen der Baureihe GTW 2/6 von Stadler noch im Probebetrieb unterwegs. Foto: Markus Hehl

Doch trotz aller Vereinfachungen traten nicht unerhebliche Probleme auf: Ingenieure und Arbeiter mussten sich beispielsweise mit den schwierigen geologischen Verhältnissen im Pflerschtaler Kehrtunnel bei Gossensaß herumschlagen. Carl von Etzel starb noch während der Bauarbeiten an den Folgen eines Schlaganfalls. Der Schweizer Ingenieur Achilles Thommen sprang ein und trat die Nachfolge an. Als Italien 1866 gegen die Habsburger in den preußisch-österreichischen Krieg eintrat und rund 14.000 italienische Bauarbeiter das Land verlassen mussten, kam der Bahnbau vorübergehend völlig zum Stillstand. Dennoch dampfte schon am 25. Juli 1867 nach nur dreieinhalb Jahren Bauzeit der erste Zug über die Gesamtstrecke von Innsbruck bis nach Bozen.

Die Südbahn-Gesellschaft konnte zufrieden sein: Carl von Etzels Brennerbahn war mit rund der Hälfte der Kosten erheblich billiger gebaut worden als zuvor die Semmeringbahn unter Carl von Ghega. Am Brenner wurden zehn Kilometer Trasse durchschnittlich in drei Monaten gebaut; am Semmering schufteten die Arbeiter dafür rund 17 Monate. Innerhalb kurzer Zeit verlagerte sich nahezu der gesamte Brennerverkehr auf die Schiene. Die Kutschen und Ochsengespanne auf der uralten Handelsstraße hatten ausgedient. Der Reiseschriftsteller Heinrich Noé berichtete 1876 von der Einsamkeit in den Orten entlang der Brennerstraße, seit „das Locomotiv durch die schwarzen Erdlöcher der Tunnels" pfeift.

Indes stellte sich schnell heraus, dass die sparsame Bauweise des Carl von Etzel auch ihre Nachteile hatte: Lawinen, Hochwasser, Steinschlag und Murenabgänge blockierten immer wieder die Strecke. In der Sill-Schlucht traten die größten Probleme auf: Der 872 Meter

lange Mühltal- und der 118 Meter lange Schürfestunnel wurden schon im Jahr der Eröffnung unter dem Druck des Felsens gegen die Sill verschoben, woraufhin beide Tunnelröhren aufwendig umgebaut wurden. Bald waren sogar Gerüchte im Umlauf, die von einem teilweisen Neubau der Brennerbahn sprachen.

Einschneidende Veränderungen im Betrieb der Brennerbahn traten mit dem Ende des Ersten Weltkrieges 1918 auf: Im Friedensvertrag von St. Germain wurde Österreich zur Abtretung Südtirols an Italien verpflichtet. Am Brenner wurde daraufhin eine neue Grenze gezogen, welche die Teilung Tirols besiegelte und die Brennerbahn in zwei Abschnitte trennte. 89 Kilometer Streckenlänge auf südtiroler Seite befinden sich seither im Eigentum der Italienischen Staatsbahn. 36 Kilometer auf nordtiroler Seite blieben auf österreichischem Staatsgebiet und werden heute von den Österreichischen Bundesbahnen betrieben.

Die Aufteilung der Brennerbahn verhinderte in den 20er-Jahren dann auch eine Elektrifizierung mit einheitlichem Stromsystem: Österreich entschied sich für den am Arlberg erprobten Einphasenwechselstrom mit 15.000 Volt Spannung und 16 2/3 Hertz Frequenz und eröffnete am 7. Oktober 1928 den elektrischen Betrieb Innsbruck – Brenner. Die Italiener hingegen installierten 1929 zunächst ihr speziell auf Steilrampen bewährtes Drehstromsystem mit 3600 Volt Spannung bei 16 2/3 Hertz Frequenz. Erst am 30. Mai 1965 wurde die Brenner-Südrampe auf das in Italien sonst übliche Gleichstromsystem mit 3000 Volt Spannung umgestellt.

Bis heute treffen also als indirekte Folge des Ersten Weltkrieges zwei unterschiedliche Stromsysteme im Bahnhof Brenner aufeinander, was eine betriebli-

che Einheit auf der Gesamtstrecke verhindert. Erst seitdem in jüngster Zeit immer mehr moderne Mehrsystem-Lokomotiven im grenzüberschreitenden Verkehr eingesetzt werden, entfällt der lästige Lokwechsel auf der Passhöhe.

Aber auch die Streckeninfrastruktur wurde in den vergangenen Jahren auf beiden Seiten des Brenners grundlegend modernisiert. Unter anderem wurden die hochwassergefährdeten Abschnitte im Eisacktal aufgegeben und in langen Tunnels neu verlegt. Auch der Abschnitt zwischen Brennerbad und Gossensass wurde neu trassiert. ■

Zukunftsmusik? Der Brenner-Basistunnel

Deutschland, Österreich, Italien und die Europäische Union beschlossen schon 1994, die schrittweise Verwirklichung einer „Hochleistungsbahn" zwischen München und Verona. Die Planungen sehen einen Brenner-Basistunnel zwischen Innsbruck und Franzensfeste (Fortezza) vor. Von Norden her soll der Zulauf auf Ausbaustrecken durch das Inntal erfolgen; im Süden sollen die Züge auf ertüchtigten Trassen durch das Eisack- und Etschtal zum Tunnelportal bei Franzensfeste fahren. Gemäß einer Machbarkeitsstudie würde der geplante Basistunnel eine Länge von rund 55 Kilometern aufweisen und über zwei parallele Röhren für jeweils ein Gleis verfügen. Ein Rettungsbahnhof unter dem Valsertal soll für die Sicherheit der Reisenden garantieren. Reisezüge sollen mit 200 Stundenkilometern durch den Tunnel jagen, Güterzüge sollen immerhin bis zu 160 km/h erreichen. Doch das Vorhaben ist umstritten. Vor allem die Finanzierung wirft Fragen auf. Dennoch glauben Optimisten, dass bereits im Jahr 2008 mit dem Bau des Basistunnels begonnen werden könnte. Immerhin werden bereits seit mehreren Jahren die Brenner-Zulaufstrecken in Österreich und in Italien modernisiert und ausgebaut. ■

Lokomotiven der Deutschen Bahn AG fahren
planmäßig bis zum Brenner, wo das deutsch–
österreichische Einphasen-Wechselstrom-
system mit 15000 Volt Spannung bei
16 2/3 Hertz Frequenz auf das italienische
Gleichstromsystem mit 3000 Volt Spannung
trifft. Güterzug mit der DB-Lok 139 557-3 –
die frühere E 40 1557 – auf der Brenner-
Nordrampe bei Gries
Foto (2002): Marcus Niedt

Die Zugförderungsleitung in Innsbruck ist bei den Österreichischen Bundesbahnen für den Verkehr vom und zum Brenner zuständig. Ludwig Walter fotografierte am Innsbrucker Ringlokschuppen.
Foto (1992): Sammlung Hehl

Moderner Zugbetrieb am Brenner im April 2005: Mit schnellen Wendezügen wickeln die italienischen Staatsbahnen den Regionalverkehr auf der Brenner-Südrampe ab. Nach einem kurzen Zwischenhalt in Gossensaß fährt dieser Zug weiter in Richtung Brenner.
Foto: Markus Hehl

Der Bahnhof Bozen ist Ausgangspunkt für den inneritalienischen Fernverkehr. Moderne Elektrotriebzüge stellen unter anderem die Verbindung in die Hauptstadt Rom her. Hier ist ETR 500 als ES 9319 unterwegs mit dem Ziel Roma Termini. Auf den Berghängen im Hintergrund ist der Bozener Stadtteil St. Magdalena zu erkennen, der für seinen typischen Rotwein bekannt ist.
Foto (23. Juli 2004): Uwe Miethe

Winter am Brenner: Noch
immer benutzen die Österreichischen
Bundesbahnen für den Räumdienst auf
der Brenner-Nordrampe einen
Schneepflug, der auf
dem Fahrgestell einer alten Dampflok
aufgebaut wurde.
Foto (Februar 2002): Markus Hehl

Längst vorbei ist die Zeit der
Altbau-Elektrolokomotiven
im typischen braunen Farbkleid
der Italienischen Staatsbahnen FS.
Thomas Wunschel hatte hier noch
die E645.027 vor einem Güterzug
„erwischt".

Mit rund 22,5 Promille Steigung ist die Brenner-Südrampe etwas flacher geneigt als die Nordrampe mit 25 Promille. Dennoch werden die Lokomotiven auch auf der italienischen Seite der Passhöhe vor schweren Güterzügen bis an die Grenze ihrer Belastbarkeit gefordert. Am 28. August 1998 fotografierte Thomas Wunschel diesen Güterzug mit der E652.174 unweit von Moncucco/Schelleberg.

Am südlichen Ende des Bahnhofs Brenner verfügt die Italienische Staatsbahn über eine zweiständige Remise, die mit ausdrucksstarker Architektur der 20er- und 30er-Jahre der Abstellung und Reparatur der Elektrolokomotiven dient.
Foto (April 2005): Markus Hehl

Im Mai 2005 warten zwei Maschinen der Baureihe E 405 in Bozen auf ihre nächste Fahrt als Vorspann-lokomotiven in Richtung Brenner.
Foto: Markus Hehl

Relikt aus der Kaiserzeit: Die Rittnerbahn

Mit dem aufstrebenden Alpentourismus in der zweiten Hälfte des 19. Jahrhunderts wurde auch der Ritten, der „Hausberg" der Bozener, als Ziel von Bergsteigern und Wanderern entdeckt. Zu dieser Zeit entstanden im gesamten Alpenraum ehrgeizige Pläne, um die beliebtesten Gipfel mit Bergbahnen zu erschließen. 1889 wurde die Achenseebahn, die erste Zahnradbahn Tirols, eröffnet. Durch den Erfolg dieses Unternehmens bestärkt, entstand auch in Bozen der Wunsch nach einer Bahnverbindung auf den Ritten, der bis dahin nur auf holperigen Saumwegen zu erreichen war. Eine Bahn nach Schweizer Vorbild sollte es sein – in erster Linie als Vergnügungs- und Touristenbahn gedacht, die dem Fremdenverkehr in Südtirol neue Impulse geben sollte.

Endlich beschloss der Bozener Stadtmagistrat 1905, die Pläne in die Tat umzusetzen. In den ersten Märztagen 1906 gingen die Arbeiter ans Werk. Zeitweise waren über 500 Männer gleichzeitig beschäftigt. Sie sprengten Fels, mauerten Brücken und Viadukte und schaufelten mühsam die Trasse aus dem Berg. Nach nur 14-monatiger Bauzeit wurde die knapp zwölf Kilometer lange Strecke am 13. August 1907 feierlich dem Betrieb übergeben. Die meterspurige Strecke hatte ihren Ausgangspunkt am Waltherplatz in der Bozener Innenstadt. Von dort fuhren die

Triebwagen wie eine normale Straßenbahn vorbei am Hauptbahnhof zur Station der Rittnerbahn. Dort warteten bereits kleine, zweiachsige Zahnradlokomotiven, die nun die Triebwagen über den knapp vier Kilometer langen Zahnstangenabschnitt bis nach Maria Himmelfahrt schoben. Mit Hilfe der Keilkopf-Zahnstange vom System Strub wurden rund 900 Höhenmeter überwunden. In Maria Himmelfahrt hängte man die Zahnrad-Lokomotiven ab, und die Triebwagen fuhren im herkömmlichen Reibungsbetrieb weiter über Oberbozen bis nach Klobenstein.

Rund 59 Jahre lang stellte die Rittnerbahn die einzige Verbindung zwischen Bozen und den Dörfern am Ritten dar. Doch die „modernen Zeiten" verlangten nach einem leistungsfähigeren Transportmittel. Am 13. Juli 1966 schoben die Lokomotiven zum letzten mal Güterwagen und Personentriebwagen auf den Ritten.

Am Tag darauf ging eine neue Seilschwebebahn in Betrieb, welche die Strecke Bozen – Oberbozen in zwölf statt in 55 Minuten zurücklegte.

Die Strecke zwischen dem Waltherplatz in Bozen und Maria Himmelfahrt wurde daraufhin stillgelegt. Erhalten geblieben ist bis heute der knapp sieben Kilometer lange Abschnitt Maria Himmelfahrt – Klobenstein, der im reinen Reibungsbetrieb befahren wird. Zu Beginn der 80er-Jahre sollte auch dieses Reststück zugunsten eines Bus-Pendeldienstes abgebaut werden. Doch Dank der Initiative des sogenannten Rittnerbahn-Komitees konnte das verhindert werden. Im Gegenteil: Mitte der 80er-Jahre wurde der gesamte Oberbau durchgearbeitet; die Fahrleitung wurde nach dem historischen Vorbild erneuert. Zur Verstärkung des Fahrzeugparkes gelangten 1982 vier Wagen der wenige Jahre zuvor stillgeleg-

„Kommt nun, die euch der Weg hierher führt,
nützt die bequeme Bahn, die euch so mühelos herauf-
bringt, aus! Geht nur durch unsere Einsamkeit!
Sie gehört ja jetzt auch euch. Wir können es euch nicht
wehren. Wir sind die Besiegten.
Der Fortschritt hat uns niedergerungen ...“

Hans von Hoffensthal in „Abschied von Oberbozen“,
einem Essay aus dem Jahr 1906, in dem der Dichter um die Idylle der
Bergwelt trauert, die er durch den Bau der Rittnerbahn zerstört sieht.

Ein Stück Tiroler Lokalbahngeschichte
repräsentieren die alten Triebwagen
der Rittnerbahn. Holzbänke und
glänzende Messingarmaturen machen
den nostalgischen Reiz aus.
Foto: Markus Hehl

Unterhalb des Ritten, dem „Hausberg"
der Bozener, führt die Bahn durch eine
der herrlichsten Landschaften
Südtirols. Im Hintergrund links ist
der breite Bergrücken des Schlern zu
erkennen, der bei Wanderern und
Bergsteigern gleichermaßen beliebt
ist und dessen Gipfel 2564 Meter
hoch aufragt.
Foto: Markus Hehl

ten Überland-Straßenbahn Esslingen –
Nellingen – Denkendorf bei Stuttgart nach
Südtirol.
Vor allem zur Ferienzeit fahren noch heute
die alten Straßenbahnwagen, die teilweise
noch aus der Anfangszeit der Rittnerbahn
stammen. Mit ihren hölzernen Wagenkäs-
ten und ihrer nostalgischen Inneneinrich-
tung sind die Triebwagen längst zum

Touristenmagnet geworden. Kein Wunder,
denn die Fahrt ist ein landschaftliches und
ebenso technik-historisches Erlebnis:
Rumpelnd rollen die Gefährte über die
Schienen. Der Wagenführer dreht an
blankpolierten Messinghebeln; die Spurkränze quietschen in den engen Kurven.
Über den saftigen Bergwiesen neben den
Schienen erhebt sich ein geradezu majes-
tätisches Panorama: Der Blick schweift
weit hinein in die schneebedeckten Berge
des Rosengartens und der Latemargruppe.
Jahr für Jahr lassen sich auf diese Weise
Tausende von Fahrgästen in die längst
vergangene Epoche der „k.u.k. Monarchie"
zurückversetzen.   ▪

Technische Daten Rittnerbahn

Betriebseröffnung:	18. August 1907
Betriebseinstellung Bozen – Waltherplatz –	
Maria Himmelfahrt:	13. Juli 1966
Spurweite:	1.000 mm
Streckenlänge:	11,764 km
seit 1966:	6,805 km
Streckenhöchstgeschwindigkeit	
im Reibungsabschnitt:	25 km/h
im Zahnstangenabschnitt:	6,7 km/h
Betriebsart: Elektrischer Betrieb 750 V Gleichstrom,	
ab 1966:	800 Volt;
Gemischter Reibungs- und Zahnstange System Strub	
Maximale Steigung:	255 ‰, seit 1966; 45 ‰
Maximaler Höhenunterschied:	996 m
seit 1966:	75 m

Die Eisenbahn über den Mont Cenis
vom italienischen Piemont in das
französische Savoyen zählte zu den
schwierigsten und langwierigsten
Bahnbauten in den Alpen.
Rund 14 Jahre lang dauerten die
Arbeiten in den Bergen der Kottischen
und Grajischen Alpen zwischen Turin
und Lyon. Zahlreiche zeitgenössische
Darstellungen der Bahn
und der Baustellen blieben erhalten.
Bilder: Sammlung Hehl

Über den Mont Cenis

Italien war Mitte des 19. Jahrhunderts noch immer durch die Alpen vom Eisenbahnnetz in Nord- und Mitteleuropa getrennt. Vor allem die Wirtschafts- und Handelsregionen in Oberitalien litten zunehmend unter dieser isolierten Lage. Über die 1854 eröffnete Semmeringbahn wurde von Triest aus der Weg nach Wien eröffnet. Von Verona aus sorgte bald darauf die Brennerbahn für einen Anschluss nach Tirol und Deutschland. Nun sollte endlich auch ein Durchstich von Italien nach Nordwesten eine Verbindung vom Piemont nach Savoyen herstellen.

Napoleons Straße

Eine geeignete Stelle dazu fand sich am Fréjus-Pass nur wenige Kilometer südwestlich des 3521 Meter hohen Mont Cenis. Dort, wo die Kottischen und die Grajischen Alpen Frankreich von Italien trennen, zogen schon die römischen Konsuln Marius und Pompeius über den 2283 Meter hohen Mont-Cenis-Pass. Im Jahr 1800 ließ Napoleon eine erste Straße über den Mont Cenis bauen.

Überhaupt bestanden schon immer enge Verbindungen zwischen den Landschaften diesseits und jenseits des Passes.

Immerhin gehörte das Piemont mit seiner heutigen Hauptstadt Turin lange Zeit zum Herzogtum Savoyen und später auch zum französischen Kaiserreich. Dann wechselten nach dem Wiener Kongress von 1815 die Besitzverhältnisse: Savoyen gehörte nun zusammen mit dem Piemont zum Königreich Sardinien.

Vor dem Hintergrund dieser lebhaften Wechselbeziehungen untersuchte die Regierung des Piemont schon 1845 das Projekt eines Eisenbahntunnels unter dem Fréjus. Doch 1848 zog der Krieg zwischen Österreich und dem Piemont herauf und sorgte dafür, dass das Projekt vorerst wieder gestoppt wurde. Erst 1854 wurde eine neue Planung vorgelegt. Vom Piemont her sollte das Tal der Dora Riparia für die Zufahrt genutzt werden; von Savoyen her bot sich das Tal der Arc an. Der vorgesehene knapp 13 Kilometer lange Scheiteltunnel war bis dahin beispiellos und setzte die Entwicklung neuer Tunnelbohrtechniken voraus. Dennoch wurde der Bau dieses überaus gewagten Tunnels am 15. August 1857 vom Parlament beschlossen und nur wenige Tage später im Beisein von König Vittorio Emanuele II. begonnen.

Am 17. September 1871 wurde die Eisenbahn über den Mont Cenis offiziell eröffnet. Ein festlich geschmückter Zug rollte durch den 12.820 Meter langen Tunnel, dessen Bau über rund 14 Jahre hinweg erhebliche Probleme bereitet hatte. Einer der leitenden Ingenieure war sogar an Überarbeitung gestorben. Bild: Sammlung Hehl

Im Jahr 1800 hatte Napoleon Bonaparte eine Pass-Straße über den Mont Cenis bauen lassen, die 68 Jahre später zugleich als Trasse für die so genannte Fell-Eisenbahn benutzt wurde. Doch die Bahn hatte keinen langen Bestand und wurde nach der Eröffnung der Mont-Cenis-Linie wieder aufgegeben und am 1. November 1871 stillgelegt.
Bild: Sammlung Hehl

Bildliche Darstellungen der Fell-Eisenbahn über den Mont Cenis sind überaus selten. Ein zeitgenössischer Stich zeigt einen der Dampfzüge auf der Bergfahrt in Richtung der französisch-italienischen Grenze.
Bild: Sammlung Hehl

Die „Fell-Eisenbahn": Auf der Straße über den Mont Cenis

Der Bau der Eisenbahn über den Mont Cenis Mitte des 19. Jahrhunderts dauerte erheblich länger als geplant. Allein die Bauarbeiten im Scheiteltunnel zogen sich über knapp 14 Jahre hin. So lange wollten die Verkehrsstrategen auf beiden Seiten der Alpen nicht warten, weshalb man als Zwischenlösung die sogenannte Fell-Eisenbahn errichtete. Die Bahn, die am 23. Mai 1868 eröffnet wurde, besaß eine Spurweite von 1100 Millimetern und verkehrte kurzerhand auf der Pass-Straße, die Napoleon einst gebaut hatte. Um die extreme Steigung der Straße von bis zu 83 Promille meistern zu können, griff man

auf ein System zurück, das von dem englischen Ingenieur John Barraclough Fell entwickelt worden war. Fell verlieh seinen Dampflokomotiven zusätzliche Reibungskraft, indem er in der Mitte zwischen den beiden Schienen des Gleises eine flach liegende Doppelkopfschiene anbrachte. Gegen diese Doppelkopfschiene drückten zwei waagrecht angetriebene Räder der Lok, was ausreichte, um das an Zugkraft zu ergänzen, was den senkrechten Rädern fehlte.

Auf diese Weise wurde 1868 die erste Verbindung über den Mont Cenis zwischen Susa und St. Michel de Maurienne herge-

stellt und die Lücke zwischen den italienischen und französischen Eisenbahnnetzen geschlossen. Der Scheitelpunkt der Strecke befand sich auf der Passhöhe des Mont Cenis auf 2053 Metern Höhe über dem Meer. Doch das „System Fell" als Zwitterlösung zwischen Reibungs- und Zahnradbahn bewährte sich nicht. Ohnehin wurde der Fell-Bahn durch die Eröffnung der Mont-Cenis-Linie am 17. September 1871 die wirtschaftliche Grundlage entzogen, weshalb die Strecke nach nur drei Jahren, vier Monaten und acht Tagen am 1. November 1871 wieder stillgelegt und abgebaut wurde. ∎

Am 17. September 1871 wurde die Mont-Cenis-Linie feierlich eröffnet. Vor dem Nordportal des Scheiteltunnels in der Nähe des französischen Ortes Modane hatten sich neben geladenen Ehrengästen auch zahlreiche Bauarbeiter eingefunden, um den Eröffnungszug aus Italien zu begrüßen. Bild: Sammlung Hehl

*„Der Mont-Cenis-Tunnel ist ein Unter-
nehmen, dessen
Wichtigkeit und Tragweite auf einer
Stufe steht mit dem Suez-Canal."*

Zitat aus einer englischen Zeitung zur Zeit der
Eröffnung der Mont-Cenis-Bahn 1871.

„Würden Sie sich treffen?"

Noch während der Bauarbeiten änderte sich die Grenzziehung in den Südalpen erneut: 1860 wurde Savoyen vom Königreich Sardinien an Frankreich abgetreten. Der Bau der Mont-Cenis-Linie musste nun durch einen Staatsvertrag geregelt werden, in dem sich Frankreich verpflichtete, die Hälfte der Finanzierung zu übernehmen. Probleme bereitete aber auch der Bau der Bahn selbst. Vor allem der lange zweigleisige Scheiteltunnel verursachte nicht unerhebliches Kopfzerbrechen. Bis zu 1620 Meter türmten sich die Berge über der Tunnelröhre auf, was zu einem gewaltigen Gebirgsdruck führte und das weiche Gestein ins Rutschen brachte. Um diesen Druck abzufangen, wurde der Tunnel nach dem Ausbruch des vollen Querschnittes sofort ausgemauert. Bis zuletzt bezweifelten sogar Experten, ob sich Nord- und Südstollen angesichts der gewaltigen Länge des Tunnels von letztlich rund 12.820 Meter jemals treffen könnten. Auch die Geologie des Berges erwies sich als widerspenstig: Trotz aller Bemühungen drangen die Arbeiter an manchen Tagen nur 75 Zentimeter in den Fels vor. Entsprechend langsam kamen die Bauarbeiten voran. Endlich wurden im Januar 1861 die ersten Pressluftbohrmaschinen aufgestellt, mit denen der tägliche Vortrieb bald zwei Meter erreichte.

Aus bautechnischen Gründen musste der Scheiteltunnel auf der Nordseite mit einer äußerst ungünstigen Maximalsteigung von 22 Promille angelegt werden. Etwas besser waren die Verhältnisse auf der Südseite, wo eine moderate Steigung von nur sechs Promille zum Scheitelpunkt auf einer Höhe von 1298 Metern über dem Meer führt. Mit äußerster Kraftanstrengung schufteten Tausende von

Männern an dem Bauwerk. Einer der leitenden Ingenieure starb sogar an Überarbeitung kurz bevor der Tunnel nach knapp 14-jähriger Bauzeit eingeweiht wurde. Die offizielle Eröffnung der Linie über den Mont Cenis fand schließlich am 17. September 1871 statt.

Die Südrampe der Mont-Cenis-Strecke führt vom italienischen Bussoleno, wo Anschluss besteht an die Linie Turin – Susa, dem Tal der Dora Riparia entlang zum Südportal des Scheiteltunnels bei Bardonecchia. Auf 41 Kilometern Länge überwindet die Bahn dabei einen Höhenunterschied von 817 Metern. Unter anderem wurden in diesem Abschnitt 27 Tunnels mit einer Gesamtlänge von 8,3 Kilometern gebaut, dazu 14 größere Brücken und Viadukte. Nicht weniger spektakulär ist die 135 Kilometer lange Nordrampe: Durch 24 Tunnels mit einer Gesamtlänge von 6,8 Kilometern sowie über 86 Brücken führt die Trasse von Modane über Saint Michel de Maurienne und Chambéry nach Culoz, wo Anschluss besteht in Richtung Lyon und Dijon. Die größte Neigung auf der Nordrampe beträgt 30 Promille, auf der Südrampe

30,2 Promille, womit die Mont-Cenis-Linie deutlich steiler war, als die zuvor gebauten Bahnen am Semmering und am Brenner.

Abschnittsweise elektrifizierte die Italienische Staatsbahn FS zwischen 1913 und 1920 die Südrampe zum Mont Cenis einschließlich des Scheiteltunnels bis zum Grenzbahnhof Modane. Ebenso wie auf der Brennerbahn wählte die FS auch am Mont Cenis das Drehstromsystem mit 3.600 Volt Spannung und 16 2/3 Hertz Frequenz. Ganz anders hingegen auf der französischen Seite, wo zu jener Zeit die Paris-Lyon-Mittelmeerbahn PLM den Betrieb führte. Sie entschied sich für ein System mit 1500 Volt Gleichspannung und baute zwischen Chambéry und Modane seitliche Stromschienen ein, die angesichts der starken Schneefälle und der Lawinengefahr weniger gefährdet schienen als die herkömmliche Oberleitung. 1936 konnte dann der durchgehende elektrische Betrieb aufgenommen werden. Der Stromschienenbetrieb in Frankreich wurde erst in den 70er-Jahren des 20. Jahrhunderts auf Oberleitung umgestellt. ■

Ehrgeizige Pläne:
Hochleistungsstrecke durch die Südalpen

Noch immer gilt die Bahn am Mont Cenis als wichtigste internationale Strecke zwischen Paris und Rom. Doch ebenso wie am Semmering, am Brenner, am Lötschberg und am Gotthard ist auch in den Bergen zwischen Italien und Frankreich die Grenze der Belastbarkeit auf der alten Trasse aus dem Jahr 1871 bald erreicht. Deshalb soll auch zwischen Lyon und Turin in der Zukunft eine moderne Hochleistungsstrecke den stark anwachsenden Verkehr über die Südalpen aufnehmen und die alte Bahn entlasten. Ein rund 53,1 Kilometer langer Basistunnel unter dem Mont d'Ambin zwischen Saint Jean de Maurienne in Frankreich und Venaus in Italien sowie ein rund 12,2 Kilometer langer Umgehungstunnel bei Bussoleno bilden die Kernstücke des ehrgeizigen Bauvorhabens. Die maximale Steigung der Strecke soll auf zwölf Promille begrenzt werden. Die ersten Vorarbeiten sind bereits angelaufen. Mit einer Fertigstellung des rund 6,695 Milliarden Euro teuren Projektes wird im Jahr 2015 gerechnet. Dann könnte die Reisezeit zwischen Lyon und Turin von vier Stunden und 17 Minuten auf eine Stunde und 45 Minuten reduziert werden. ■

Die Linie Livron – Briançon gilt mit
225 Kilometern Länge als Frankreichs
längste Gebirgsbahn und nähert sich
am Endpunkt in Briançon bis auf
wenige Kilometer der Magistrale
über den Mont Cenis. Im September
2001 wurde der Triebzug 72578
unweit von Briançon abgelichtet.
Foto: Wolfgang Walper

Wolfgang Walper fotografierte im Juli
2003 eine TGV-Zuggarnitur mit dem
Triebkopf Nummer 4503 bei der
Ausfahrt aus Modane in Richtung
Mont-Cenis-Tunnel. Der Mehrsystem-
Triebzug kann sowohl unter
Wechselstrom mit 25 kV Spannung
und 50 Hz Frequenz als auch
unter Gleichstrom mit 1500 oder 3000
Volt Spannung fahren.

Bis in die 70er-Jahre fuhr man am
Mont Cenis mit Stromschiene statt
Oberleitung.   Foto: Wolfgang Walper

Im Jahr 1932 wurde die Ae 8/14 mit der Betriebsnummer 11851 angeliefert. Noch im gleichen Jahr entstand bei Gurtnellen an der Nordrampe diese Aufnahme jener gigantischen Doppel-Lokomotive, die neue Maßstäbe in Bezug auf Zugkraft und Leistungsfähigkeit setzte.
Foto: BBC, Sammlung Marcus Niedt

In der so genannten Biaschina auf der Gotthard-Südseite schraubt sich die Gotthardbahn im Pianotondo- und im Travi-Kehrtunnel, die jeweils rund 1500 Meter lang sind, nach unten in Richtung Bellinzona. Der Wasserlauf des Ticino begleitet die Bahn von Airolo bis zum Lago Maggiore.
Foto: SBB, Sammlung Hehl

Die Eisenbahn am Gotthard

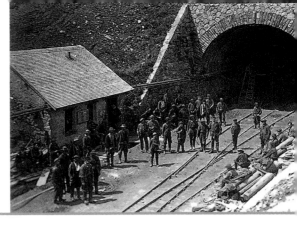

Schlicht und unscheinbar präsentiert
sich das Südportal des Gotthardtunnels in Airolo zur Zeit der Betriebs-
eröffnung im Jahr 1882. Kaum zu
glauben, dass schon damals eine der
wichtigsten europäischen
Nord-Süd-Verbindungen durch
diese Tunnelröhre führte.
Foto: Sammlung Hehl

Eine Reise durch die Alpen – was
wäre sie ohne eine Fahrt über den
berühmten Gotthard. Jene Gebirgs-
region, über die schon seit Menschenge-
denken der Handel zwischen dem Norden
und den Ländern der Levante stattfindet.
Kaufleute und Händler wanderten schon
vor Jahrtausenden über den Alpenübergang. Eroberer und Feldherrn vieler
Jahrhunderte zogen samt ihrer Soldateska
über die Höhen und hinterließen nicht
selten eine Spur der Verwüstung. Dennoch verdienten die Orte entlang der
Handelswege nicht schlecht am immer-
während Kommen und Gehen. Die
vielen Hospize und Wehranlagen, die
sich auf den Passhöhen der Eidgenossenschaft finden, zeugen noch heute von
dieser langen Tradition.

Am 29. Februar 1880 war es soweit: Nach rund
achtjähriger Bauzeit ist der Gotthardtunnel durchschlagen. Freudig begrüßen sich die „Mineure", die
von der Nord- und der Südseite her die Stollen in den
Berg getrieben hatten, und reichen als erstes eine
Fotografie des Bauunternehmers Louis Favre durch
die Öffnung. Favre war wenige Monate zuvor vom
Schlag getroffen im Stollen gestorben.
Bild: Sammlung Hehl

Bismarcks Einsatz

*„Die politischen Interessen empfehlen
es, zwischen Deutschland und Italien
eine Verbindung zu schaffen, welche
lediglich von dem neutralen Zwischen-
lande, der Schweiz, abhängig ist und
nicht im Besitz einer der großen Mächte
sich befindet."* Kein Geringerer als Otto
von Bismarck wurde mit diesen Worten
zum Protagonisten der ersten großen
Alpenbahn der Schweiz, nämlich der
Gotthardbahn als Teil der Verbindung
zwischen Zürich und Mailand. 1870,
am Vorabend der deutschen Reichsgrün-
dung, begründete Bismarck seine Unter-
stützung für das Projekt, das zunächst
zwischen der Schweiz und Italien, später
dann unter Einbeziehung Deutschlands,
vertraglich festgezurrt wurde.

Zu dieser Zeit bestanden zur Überquerung der Alpen nur die Semmeringbahn
im östlichen und die Brennerbahn im
mittleren Alpenraum sowie der Mont-
Cenis-Tunnel im Westen des Alpenbogens. Diese drei Alpentransversalen
wurden entweder von den „schwer kalku-
lierbaren Habsburgern" oder von
Deutschlands „Erbfeinden" in Frankreich
beherrscht. Die neue Gotthardbahn durch
die Schweiz sollte Deutschland die lang
ersehnte strategische Unabhängigkeit im
Verkehr mit Italien bringen. Tatsächlich
kam es 1871 zur Unterzeichnung des
Gotthardvertrages durch die drei Staaten
Italien, Schweiz und Deutschland.

Dabei war lange Zeit über die günstigste Linienführung der neuen Alpenbahn
gerungen worden. Zuvor waren auch die
Übergänge am Simplon, die Grimsel, der
Lukmanier und der Splügen im Gespräch
gewesen. Endlich war mit der Entscheidung zugunsten des Gotthard der erste
Schritt getan, um die badischen Eisenbahnen im Norden mit den italienischen

Bahnen im Süden zu verbinden. Zwar
lagen durch den Bau der bereits bestehenden Gebirgsbahnen wertvolle Erfahrungen vor. Aber das zerklüftete
Grenzgebiet am St. Gotthard-Pass zwischen dem Vierwaldstätter See und dem
Lago Maggiore, zwischen Luzern und
Lugano forderte dennoch seinen Tribut
von der Technik. Dabei galt allein schon
die Vermessung und die Aufnahme des
Geländes als technische Pionierleistung.

Vor allem die Planung und der Bau der
Nord- und Südrampen von Erstfeld nach
Göschenen und von Biasca hinauf nach
Airolo erwiesen sich als aufwendig und
kompliziert. Die Ingenieure und Techniker
legten die Bahn mit engen Kehrschleifen
und Kehrtunnels in die Bergtäler hinein
und gewannen dadurch an Höhe.
Schließlich musste auch der über 15 Kilometer lange Scheiteltunnel gemeistert
werden. Dessen Bau war dem rücksichts-
losen Unternehmer Louis Favre übertra-
gen worden, der sogar auf die Arbeiter
schießen ließ, als es 1875 aufgrund der
unmenschlichen Arbeitsbedingungen zum
Streik kam. Tatsächlich starben allein
beim Bau des Gotthardtunnels über
300 Arbeiter aufgrund von Unfällen,
Seuchen oder Krankheiten.

Doch diese menschlichen Tragödien
verblassten in den Geschichtsbüchern
neben dem strahlenden Triumph der
Bahneröffnung am 1. Januar 1882.
An diesem Tag fuhr der erste Zug durch
den Scheiteltunnel zwischen Göschenen
und Airolo. Die offizielle Eröffnung der
gesamten Gotthardbahn fand am 23. Mai
statt; ab 1. Juni 1882 nahm die Strecke
ihren Betrieb in vollem Umfang auf.
Im Jahr 1909 übernahmen die Schweizerischen Bundesbahnen die Strecke von
der privaten Gotthardbahn-Gesellschaft
(GB) und führten den bereits zuvor
begonnenen zweigleisigen Ausbau weiter.

61

Eine weitere Kapazitätssteigerung sollte die Elektrifizierung des eigentlichen Gebirgsabschnittes zwischen Erstfeld und Biasca bringen. Die ersten Pläne dafür lagen bereits vor dem Ersten Weltkrieg auf dem Tisch. Doch es dauerte bis zum 29. Mai 1921, bis die ersten elektrischen Züge über die Bergstrecke und weiter bis nach Bellinzona fahren konnten. Immerhin konnte Dank der Elektrifizierung die Kapazität der Strecke gegenüber der Dampftraktion um rund 100 Prozent gesteigert werden. Das gewählte System mit Einphasen-Wechselstrom von 15.000

Die feierliche Eröffnung der Gotthard-
bahn am 23. Mai 1882 geriet zum Fest
für alle Beteiligten und Anwohner.
Flaggen und Blumenkränze
wurden aufgehängt, bengalisches
Feuer brannte und kleine
Mädchen sagten Gedichte auf.
Bild: Sammlung Hehl

Volt Spannung und 16 2/3 Hertz Frequenz hatte sich also bestens bewährt und gab den Ausschlag für die Wahl des gleichen Stromsystems bei den späteren Elektrifizierungen des schweizerischen Eisenbahnnetzes.

Für internationales Aufsehen sorgte die Bahn während des Zweiten Weltkrieges, als die Schweiz trotz heftiger Proteste der Alliierten den Zugverkehr zwischen den Kriegsverbündeten Deutschland und Italien über den Gotthard aufrecht erhielt. Auch in den späteren Jahren wurde die Gotthard-bahn ständig modernisiert und ausgebaut. Dennoch wird sie angesichts des ständig steigenden Transitverkehrs in absehbarer Zeit ihre Leistungsgrenze erreichen. Vor diesem Hintergrund wurde der Bau des 57 Kilometer langen Gotthard-Basistunnels beschlossen, der um das Jahr 2014 die alte Strecke entlasten soll.

Spezial-Lokomotiven für den Gotthard: Schweizer Krokodile

Im Jahr 1913 fiel die Entscheidung, die berühmte Gotthardbahn zu elektrifizieren. Für den Güterzug-dienst auf der steilen und kurvenreichen Strecke suchten die Schweizerischen Bundesbahnen SBB nach einer neuen elektrischen Lokomotive. Die Maschinenfabrik Oerlikon und die Schweizerische Lokomotiv- und Maschinenfabrik (SLM) in Winter-thur entwarfen daraufhin eine 1'C-C1'-Lokomotive, die nach den Vorgaben der SBB auf den Steilrampen zum Gotthard rund 430 Tonnen Anhängelast mit 35 Stundenkilometern befördern sollte. Außerdem sollten die Loks in der Lage sein, innerhalb von 28 Stunden zwei Hin- und Rückfahrten über den Gotthard zwischen Arth-Goldau und Chiasso (788 Kilometer) zu bewältigen, wobei auf den Rampenstrecken 430 Tonnen Anhängelast und auf den Talstrecken 869 Tonnen befördert werden sollten. Die SBB griffen den Vorschlag von Oerlikon und SLM auf und stellten zwischen 1919 und 1922 insgesamt 33 Lokomotiven in Dienst, die der Gattung Ce 6/8 II zugeordnet wurden und die Betriebsnummern 14 251 bis 14 283 erhielten. Sofort übernahmen die Maschinen die schweren Zugdienste am Gotthard und machten sich aufgrund ihrer ungewöhnlichen Form mit den beiden Vorbauten und dem kurvenbe-weglichen Laufwerk weltweit unter dem Spitznamen „Krokodil" einen Namen. Vor dem Hintergrund der ständig steigenden Leistungen im Güterzugdienst stellten die SBB 1926 und 1927 weitere 18 Lokomo-tiven als Gattung Ce 6/8 III mit den Nummern 14 301 bis 14 318 in Dienst. Leistungsstark und zuverlässig absolvierten die „Stahlreptilien" über Jahrzehnte hinweg ihre Dienste. Ein Teil der Loks wurde später umgebaut, modernisiert, in der Höchstgeschwindig-keit von 65 auf 75 Stundenkilometer heraufgesetzt oder für spezielle Aufgaben im Rangierdienst umge-baut. 1982 schieden die letzten Lokomotiven aus dem Streckendienst aus; im Rangierdienst konnten sich die Maschinen sogar bis 1986 halten. Sechs „Krokos" blieben erhalten, stehen heute auf dem Denkmalsockel oder bereichern die Ausstellungen verschiedener Museen.

Die gewagte Linienführung der Gotthardbahn wurde schnell zum Gegenstand zahlreicher Darstellungen und Ansichtskarten. Diese kolorierte Karte zeigt eine Szenerie bei Wassen an der Nordrampe.
Bild: Sammlung Hehl

Die „Illustrirte Zeitung" über die Eröffnung der Gotthardbahn:
„Das größte Riesenwerk unseres Jahrhunderts"

Die Eröffnung der Gotthardbahn am 23. Mai 1882 ging wie ein Paukenschlag durch die Gazetten Europas. Immerhin hatte die Bahn als Teil der wichtigen Verbindung von Deutschland über die neutrale Schweiz nach Italien eine erhebliche strategische Bedeutung. Die „Illustrirte Zeitung" berichtete in ihren Ausgaben vom 10. und 17. Juni 1882 entsprechend ausführlich über das Ereignis. Der historische Text soll hier gekürzt wiedergegeben werden:

„Endlich ist nach zehnjähriger, ruheloser Arbeit bei Tag und Nacht das größte Riesenwerk unseres Jahrhunderts glücklich und wohlgelungen vollendet. Zuerst langten abends 7 Uhr die italienischen Gäste in 17 Wagen mit zwei festlich geschmückten Berglocomotiven im Bahnhof zu Luzern an. Um 8.30 Uhr brachte sodann der Baseler Zug über 300 deut-

Auf der Rückfahrt von Mailand nach Luzern ist der Eröffnungszug der Gotthardbahn am 25. Mai 1882 in Göschenen eingetroffen.
Foto: Sammlung Hehl

sche und schweizer Gäste, die ebenfalls mit sympathischem Zuruf empfangen wurden. An der Spitze der 113 deutschen Gäste stand Staatsminister von Bötticher; sodann die Directoren der preußischen, bairischen, württembergischen, badischen und hessischen Staatseisenbahnen. Gotthardbahndirector Zingg bezeichnete die Eröffnungsfeier als Fest des Friedens, das nicht Länder, sondern Herzen erobern will. Abends 9 Uhr entfaltete sich auf dem See eine ‚venetianische Nacht'. Auf dem Rigi und Pilatus und auf allen Gipfeln der im Halbkreis dastehenden Hügeln und den Ufern des Sees entlang loderten wie auf einen Zauberschlag wohl hundert Hochfeuer und verschiedenfarbige bengalische Flammen zum Sternenhimmel empor. Prachtvolles Wetter verklärte die Abfahrt der Gäste von Luzern, welche in drei geschmückten Extrazügen stattfand. Überall sah man glückstrahlende Gesichter. Schön beflaggt und bekränzt grüßten die Stationen Rothkreuz und Goldau.

Weiter hinunter ging die Fahrt an den classischen Urnersee, durch 9 Tunnels, unter dem wilden Grunbach an den Stationen Fluelen und Altdorf vorüber zur Station Erstfelden. Hier Vorspann der gewaltigen Berglocomotiven und Beginn der eigentlichen Gotthardbahn. Dieselbe zählt 62 Tunnels, 32 Brücken, 10 Viadukte und 24 Übergänge. Dann immer mehr und immer mehr beginnt die Bahn zu steigen; unter sich

in grauser Tiefe den schäumenden Kürstelenbach und das nun verlassene Amsteg. Bald beginnt das neueste Wunder der Eisenbahntechnik, das der Kehrtunnels oder Schlingen, mittels denen im Berginnern in kreisförmigen Curven die Gotthardbahn sich übersteigt und spiralförmig emporwindet. Ankunft in Göschenen 10.30 Uhr. Von dort gingen Begrüßungstelegramme an den Deutschen Kaiser und König Humbert ab. In 22 Minuten wurde der Gotthardtunnel durchfahren. An der Südseite lag Airolo. An allen Stationen festlich gekleidete Mädchen mit Blumensträußchen, die Schulknaben mit ihren Lehrern, die schweizerische Nationalhymne singend, die Gebäude mit eidgenössischen und tessinischen Fahnen geschmückt. In prächtiger Landschaft grüßte die Stadt Bellinzona. Auf dem 700 Meter hoch gelegenen Bahnhof zu Lugano harrte eine unabsehbare Menschenmenge, die mit brausenden Evivas den ersten Festzug empfingen. 750 Gedecke harrten in der Festhütte auf die Gäste. Die Weiterfahrt von Lugano bis Mailand glich einem Triumphzug. In Chiasso an der Grenze grüßten wieder die kleinen Blumenspenderinnen. In Como Begrüßung durch den Gemeindevorstand. In dem großen, mit Menschen überfüllten Bahnhof von Mailand war das 63. Infanterieregiment mit fliegender Fahne aufgestellt. Der Minister Mancini hieß im Namen des Königs und der italienischen Nation den Präsidenten der schweizerischen Eidgenossenschaft willkommen. Die Häuser der Stadt waren mit den Fahnen Italiens, der Schweiz und des Deutschen Reichs geschmückt."

Vor dem Bahnhofsgebäude von Göschenen
warten um das Jahr 1900 zahlreiche Stellwagen
auf ihre Fahrgäste. Bespannt mit
fünf Pferden fuhren solche Stellwagen auch
durch die Schöllenenschlucht nach Andermatt.
Foto: Sammlung Asmus

Um das Jahr 1920 entstand im Bahnhof Bellinzona dieses Foto der Elektrolok Be 4/6 Nummer 12309. Im Hintergrund ein so genannter Talbahnzug, der den Anschluss nach Luino herstellte.
Foto: BBC, Sammlung Marcus Niedt

Ein klassisches Portrait der Gotthardbahn aus den 20er-Jahren. Soeben hat ein Reisezug mit dem Krokodil Nummer 14270 der Gattung Ce 6/8^{II} den Gotthardtunnel verlassen und ist im Bahnhof Göschenen zum stehen gekommen. Im Hintergrund links fällt der Blick in Richtung Andermatt in die Schöllenenschlucht, an deren oberem Ende die berühmte Teufelsbrücke steht.
Foto: Sammlung Andreas Knipping

Die Gotthard-Südrampe weist im
Streckenschnitt zwischen Airolo und
Biasca nicht weniger als vier
Kehrtunnels auf. Nur mit Hilfe dieser
aufwendigen Bauwerke war der
extreme Höhenunterschied zu
bewältigen. Im Jahr 1932 rollt
die Ae 8/14 mit der Betriebsnummer
11851 das Gefälle in
Richtung Bellinzona hinunter.
Foto: BBC, Sammlung Marcus Niedt

Im September 2002 eilt ein bergwärts fahrender Schnellzug zwischen Brunnen und Flüelen am Ufer des Urner Sees entlang in Richtung Gotthard. Wie lange wird der Reisende in den Fernverkehrszügen die faszinierende Landschaft am Gotthard noch genießen können? Mit der absehbaren Inbetriebnahme des Gotthard-Basistunnels soll ein großer Teil des Verkehrs unterirdisch abgewickelt werden.
Foto: Markus Hehl

66

In der Nähe von Amsteg rollt im September 2002 ein langer Güterzug südwärts in Richtung Gotthardtunnel. Auch vom „Zwischenangriff Amsteg" aus wird bereits zielstrebig am Gotthardbasistunnel gebaut.
Foto: Markus Hehl

Von der Dorfkirche in Wassen aus kann man das Geschehen auf der Gotthardbahn bestens verfolgen. Im September 2002 rollt ein talwärtsfahrender EuroCity über die Mittlere Meienreußbrücke. In wenigen Augenblicken durchfährt der Zug südwärts den Bahnhof Wassen, wendet sich anschließend auf einer Kehrschleife wieder nach Norden und eilt in Richtung Zürich.
Foto: Markus Hehl

Die Stadtmauer von Bellinzona im Tessin ist ein beliebter Hintergrund für Fotos von Zügen, die in Richtung Locarno, Luino und Lugano fahren. Im Juni 2003 nimmt ein Regionalzug der Schweizerischen Bundesbahnen Fahrt auf und verlässt die traditionsreiche Stadt Bellinzona in Richtung Süden.
Foto: Markus Hehl

Am 22. April 1967 war die Dampf-
schneeschleuder Rotary X Rot m 100
zusammen mit der Dampflok C 5/6
Nummer 2978 auf der
Gotthard-Nordrampe im Einsatz.
Foto: Harald Navé, Sammlung Asmus

Die Spurkränze der Lokomotive und der Wagen
quietschen schrill und laut, als am 30. September 2002 dieser Eurocity aus Mailand durch den
Bahnhof von Wassen in Richtung Zürich rollt.
Allein der 28,9 Kilometer lange Abschnitt
Erstfeld – Göschenen der Gotthard-Nordrampe
weist 21 Tunnels auf. Foto: Markus Hehl

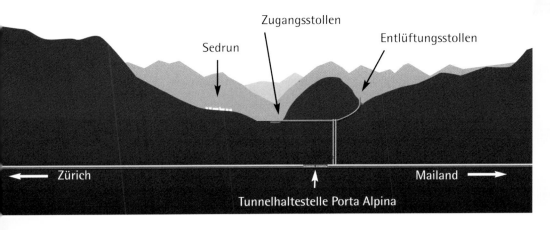

Sedrun

Zugangsstollen

Entlüftungsstollen

← Zürich

Mailand →

Tunnelhaltestelle Porta Alpina

Ein geradezu unglaubliches Bauwerk nimmt Formen an: Im Rahmen des Gotthard-Basistunnels soll mit der Porta Alpina eine Tunnelhaltestelle tief im Innern der Alpen entstehen. Mit Hochgeschwindigkeitszügen fährt der Reisende eines Tages in kürzester Zeit von Zürich und Mailand mitten in die Bündner Berge.
Grafik: Verein Visiun Porta Alpina

Visionen werden Wirklichkeit:
Gotthard-Basistunnel und Porta Alpina

Der alpenüberschreitende Verkehr nimmt von Jahr zu Jahr dramatisch zu. Um den absehbaren Verkehrskollaps auf den Straßen abzuwenden, stimmten die Schweizer Bürger 1992 für die Verwirklichung der „Neuen Eisenbahn-Alpentransversalen" (NEAT). Das Gesamtkonzept umfasst den schrittweisen Ausbau der Gotthardachse und der Lötschberg-Simplon-Achse. Im Jahr 2014 soll der 57 Kilometer lange Gotthard-Basistunnel fertiggestellt sein. Und schließlich wird im Jahr 2020 zusammen mit der Einweihung der beiden Basistunnel am Zimmerberg bei Zürich und am Monte Ceneri zwischen Giubiasco und Lugano die modernste und leistungsfähigste „Flachbahn" durch die Alpen entstanden sein. Ihr höchster Punkt wird mit 550 Metern über dem Meer ungefähr gleich hoch liegen wie die Stadt Bern.

So ähnlich werden es die Lokführer einmal erleben, wenn sie ab dem Jahr 2014 mit ihren Hochgeschwindigkeitszügen durch den Basistunnel unter dem Gotthard hindurchfahren. Reisezüge sollen mit bis zu 250 Stundenkilometern durch die Röhre jagen.
Grafik: Verein Visiun Porta Alpina

In dichter Folge sollen dann Güterzüge mit bis zu 160 Stundenkilometern und Personenzüge mit bis zu 250 Stundenkilometern zwischen Zürich und Mailand durch die Alpen fahren.
Der Gotthard-Basistunnel wird aus zwei einspurigen Röhren gebildet, die durch etwa 180 Querschläge miteinander verbunden werden, sodass jede Röhre der jeweils anderen als Notröhre dienen kann. In den beiden Multifunktionsstellen Sedrun und Faido in den Drittelspunkten des Tunnels sind Spurwechsel und Nothaltestellen, technische Räume für den Bahnbetrieb sowie Lüftungsinstallationen untergebracht. Dort kann auch der Spurwechsel von einer Röhre in die andere stattfinden.
Über 9,3 Milliarden Euro investiert die Schweiz in die Realisierung der Neuen Alpentransversalen. Für den „Alp Transit Gotthard" werden davon rund 6,65 Milliarden Euro ausgegeben, wovon wiederum 4,66 Milliarden Euro für den Bau des Basistunnels veranschlagt sind.
Doch damit nicht genug: Im Schatten des Gotthard-Basistunnels ist mit der „Porta Alpina" ein weiteres Projekt der Superlative entstanden: Denn die geplante „Multifunktionsstelle Sedrun" des Tunnels soll zum hochwertigen und weltweit einzigartigen Tunnelbahnhof ausgebaut werden. Damit könnte schon in absehbarer Zeit eine geradezu unglaubliche Vision Wirklichkeit werden: In Zürich und Mailand steigen die Reisenden in einen „transalpi-

nen" Hochgeschwindigkeitszug ein. Man lehnt sich entspannt zurück, während draußen die Landschaft vorüberzieht. Dann taucht der Zug mit rund 250 Stundenkilometern in den Gotthard-Basistunnel ein, der mit 57 Kilometern als längster Tunnel der Welt gilt. Nach wenigen Minuten kommt der Zug mitten im Gotthardmassiv im Tunnelbahnhof „Porta Alpina" zum stehen. Man steigt aus und verfügt über alle Annehmlichkeiten einer modernen Verkehrsstation – nur dass diese tief im Innern der Alpen liegt. Ein Aufzug bringt die Reisenden dann in rasanter Geschwindigkeit genau 784 Meter höher in den Berg, wo in einer unterirdischen Umsteigestation bereits einige Elektrobusse warten. Nach kurzer Busfahrt durch einen 987 Meter langen horizontalen Stollen erreicht man wieder das Tageslicht und befindet sich unvermittelt in der sonnendurchfluteten Bergwelt Graubündens. Leise summend hält der Elektrobus am Bahnhof von Sedrun, wo bereits der Glacier-Express auf seiner Fahrt von St. Moritz nach Zermatt auf die Reisenden aus Zürich und Mailand wartet. ■

Der Verein Visiun Porta Alpina hat mit viel Elan und Phantasie das Projekt der Tunnelhaltestelle vorangetrieben. So oder ähnlich könnte die Station im Inneren der Alpen einmal aussehen.
Grafik: Verein Visiun Porta Alpina

Zahlreiche Kunstbauten mussten im Zuge der Arlbergbahn errichtet werden. Am 16. Oktober 2002 fotografierte Stefan Geisenfelder eine Lok der Baureihe 1044 mit ihrem EC 669 in der Nähe des Ortes Dalaas.

Die Burg Wiesberg und die Trisannabrücke bilden im Verlauf der Arlberg Ostrampe wohl eines der schönsten Ensembles in der Eisenbahnlandschaft der Alpen. Eine Lokomotive der Baureihe 1020 leistet einer Lok der Baureihe 1044 Vorspann.
Foto: Thomas Wunschel

Die Arlbergbahn Innsbruck – Bludenz

„Innsbruck, ich muss dich lassen", heißt es in einem alten Lied, das Paul Hofhaimer (1459 – 1537), als Organist und Komponist am Hofe von Maximilian I. ersann. Wehmut und Abschiedsschmerz mögen sich auch demjenigen mitteilen, der die Stadt in heutigen Tagen besucht. War sie doch über Jahrhunderte Durchgangsort und Knotenpunkt auf der Reise von Ost nach West, von Nord nach Süd; ein Ort flüchtiger Begegnungen und des fortwährenden Abschiednehmens. Die Einwohner Innsbrucks haben mit dem ständigen Kommen und Gehen und der verkehrsgünstigen Lage nicht schlecht verdient. So zeugen denn auch die Fassaden und Ansichten der Bürgerhäuser von erklecklichem Reichtum. Was mit der Flößerei auf dem Inn begann, setzte die Eisenbahn Mitte des 19. Jahrhunderts

fort. Seither ist Innsbruck auch auf der Eisenbahnkarte wichtige Relaisstelle im Verkehr aus allen Himmelsrichtungen.

Eine Zahnradbahn?

Im Jahr 1858 war die „Nordtiroler Bahn" von Innsbruck durch das Inntal über Wörgl bis zur bayerischen Grenze bei Kufstein eröffnet worden. Dort bestand Anschluss über die bayerische Maximiliansbahn nach München. Von Innsbruck in Richtung Süden stellte die 1867 eröffnete Brennerbahn die Verbindungen nach Bozen und Verona her. Hingegen blieb eine Strecke von Innsbruck nach Westen – nach Vorarlberg und an den Bodensee – lange Zeit unverwirklicht. Dabei hatte bereits 1847 ein Vorarlberger Geschäftsmann den Bau einer Bahn über

den Arlberg gefordert. Aber erst 1871 wurde eine Kommission von Spezialisten beauftragt, die notwendigen Studien zu erstellen. Ein Jahr danach lag ein erster Entwurf auf dem Tisch. Doch die Planungen verschwanden schnell wieder in der Schublade, da der vorgeschlagene Arlbergtunnel zwischen dem vorarlbergischen Langen und St. Jakob in Tirol mit rund 12.600 Metern Länge zu kompliziert erschien.

Auch ein zweites Projekt aus dem Jahr 1876 mit einer Doppelkehrschleife bei

„Der Orient-Express Paris – Constantinopel im Bahnhof Salzburg", so lautet die vollkommen falsche englischsprachige Bildunterschrift dieser historischen Ansichtskarte. Tatsächlich wurde das Foto um die Jahrhundertwende im Bahnhof St. Anton am Arlberg aufgenommen und zeigt den Postzug Innsbruck – Bludenz.
Foto: Sammlung Hehl

Mit dem „Anschluss" Österreichs an das Deutsche Reich im März 1938 kam auch die Arlbergbahn unter die Regie der Deutschen Reichsbahn. Wenige Jahre später wurden in Landeck die Glocken der umliegenden Kirchen eingesammelt, auf die Bahn verladen und zum Einschmelzen transportiert. Unter dem unseligen Motto „Kanonen statt Glocken" sammelte die Kriegsmaschinerie Hitlers wichtige Rohstoffe ein.
Foto: Sammlung Hehl

74

Im Frühjahr 1939 wurde diese idyllische Szene an einem Bahnübergang der Arlbergbahn im Bild festgehalten. Ein Großteil der Strecke war zum Gebiet der Reichsbahndirektion Augsburg gekommen.
Foto: Sammlung Hehl

Blick in das Stellwerk eines unbekannten Bahnhofes an der Arlbergbahn im Jahr 1939. In stattlicher Uniform erwartet der Fahrdienstleiter die Ankunft des nächsten Zuges.
Foto: Sammlung Hehl

Ebenfalls im Jahr 1939 entstand dieses Foto vom Stellwerk im Bahnhof Langen am Arlberg. Vor allem im Winter, wenn Schnee und Eis auf den Drahtzügen zu den Weichen und Signalen lagen, mussten die Fahrdienstleiter viel Muskelkraft aufwenden, um die schweren Stellhebel zu betätigen.
Foto: Sammlung Hehl

Langen am Arlberg wurde wieder zu den Akten gelegt. Techniker und Ingenieure planten und berechneten – und immer wieder erschien das Projekt einer Arlbergbahn zu teuer. Um Kosten zu sparen tauchte zwischendurch sogar die Idee einer Zahnradbahn über den Arlberg auf.

Indes wurde der wirtschaftliche und politische Druck immer größer, denn die geplante Strecke sollte nicht nur das abgelegene Vorarlberg enger an das österreichische Kernland binden, sondern auch den internationalen Verkehr von der Türkei, von Rumänien, Griechenland und Ungarn über Österreich in die Schweiz und nach Frankreich beschleunigen. Damit sollte die Arlbergbahn bis heute die einzige bedeutende Gebirgsbahn werden, die dem Alpenhauptkamm in Längsrichtung folgt.
Endlich genehmigte der österreichische Staat am 15. Mai 1880 insgesamt 35,5 Millionen Gulden für das Projekt und bestätigte die endgültige Trasse, die einen rund zehn Kilometer langen Scheiteltunnel zwischen Langen und St. Anton am Arlberg aufwies. Die 135,78 Kilometer lange Bahn gliederte sich in eine Talstrecke von Innsbruck nach Landeck und

„In der Reihe der großen Alpenbahnen (...) ragt die Arlbergbahn in jeder Beziehung hervor, sei's, dass man sie von der rein commerziellen Seite, oder vom Standpunkte des Militärs, oder von jenem des Technikers in Betracht zieht.“

Amand von Schweiger-Lerchenfeld in seinem Buch „Die Überschienung der Alpen" aus dem Jahr 1884.

in eine Bergstrecke von Landeck nach Bludenz. Die östliche und die westliche Rampenstrecke waren eingleisig vorgesehen; der Scheiteltunnel hingegen sollte von Anfang an zweigleisig ausgebaut werden.

Der Anfang war einfach

Auf dem relativ einfachen und ebenen Terrain entlang des Inns kamen die Bahnbauer schnell voran, sodass bereits am 29. Mai 1883 die „Talstrecke" Innsbruck – Landeck eröffnet werden konnte. Dann aber begannen die Probleme: Allein die Unterbringung der vielen Arbeiter in der Hochgebirgsregion war schwierig. An den beiden Eingängen zum Scheiteltunnel in Langen und St. Anton wurden große Bauplätze eingerichtet. Zur Vermessung der Strecke wurden zahlreiche Wege gebaut, die vom Talgrund teilweise bis zu 130 Meter die steilen Bergflanken hinauf führten.

Von Landeck aus folgte die Ostrampe dem Tal der Rosanna und führte mit bis zu 26 Promille Steigung über Pians, Strengen, Flirsch und Pettneu nach St. Anton. Dabei entstand bei Wiesberg die wohl eindrucksvollste Stelle der Arlbergbahn. Das tief eingeschnittene Paznaun-Tal bildet mit der 87,4 Meter hohen Trisanna-Brücke und der Burg Wiesberg eines der schönsten Ensembles in der Eisenbahnlandschaft der Alpen.

Kaum weniger spektakulär ist die Westrampe, die von Langen am Arlberg mit einer Neigung von bis zu 31 Promille am nördlichen Hang des Klostertales über Wald am Arlberg, Dalaas, Hintergasse und Braz hinunter nach Bludenz führt. Auch entlang der Westrampe entstanden zahlreiche Kunstbauten – darunter beispielsweise zwischen Wald und Langen der Viadukt über den Wäldlitobel mit einer gemauerten Hauptöffnung von 41 Metern Spannweite.

Beim Bau des 10.250 Meter langen Arlberg-Scheiteltunnels zwischen St. Anton und Langen machte man sich die Erfahrungen zunutze, die beim Bau des schweizerischen Gotthardtunnels

gewonnen worden waren. Als im Juni 1880 auf beiden Seiten des Berges die Arbeiten begannen, rechnete man mit einer Bauzeit von rund fünf Jahren. 6,6 Meter sollten sich die Arbeiter täglich von Osten und von Westen her in den Fels bohren. Dank der modernen Druckluft- und Druckwasser-Bohrmaschinen erreichte der tägliche Vortrieb aber schnell 9,34 Meter. Mit Rollwagen, die anfangs von Pferden und später von kleinen Dampflokomotiven gezogen wurden, schafften die Männer das ausgebrochene Gestein aus dem Berg. Bis zu 4685 Menschen waren gleichzeitig im und am Tunnelbau beschäftigt.
Endlich war es soweit: Am 19. November 1883, dem Namenstag von Kaiserin Elisabeth, wurde der letzte Sprengsatz im Stollen gezündet und der Haupttunnel durchschlagen. Auch die Ausmauerung der zweigleisigen Röhre ging planmäßig voran. Von St. Anton her steigt der Tunnel auf rund vier Kilometer Länge mit zwei Promille an, um in einer Höhe von 1.310,93 Metern über dem Meer seinen Scheitelpunkt zu erreichen. Die restlichen rund sechs Kilometer fällt der Tunnel mit einer Neigung von 15 Promille nach Langen hin ab. Die östliche Zufahrt liegt in einem kurzen Bogen; ansonsten verläuft der Arlbergtunnel in gerader Linie. Nach rund vierjähriger Bauzeit war das Bauwerk am 14. Mai 1884 vollendet.

Schließlich wurde am 21. September 1884 der durchgehende Betrieb auf der Arlbergbahn aufgenommen. Zur gleichen Zeit wurde auch die österreichische Bodenseeschifffahrt eröffnet, die als Ergänzung der Arlbergbahn von Bregenz aus die Anschlüsse im Güterverkehr zu den badischen und württembergischen Bodenseehäfen herstellte.

Auch auf der Arlbergbahn waren lange Zeit Dampfschneeschleudern im Einsatz, die Winter für Winter die Strecke freihalten mussten. Dieses Foto aus dem Jahr 1939 gewährt einen Blick in den Führerstand einer Schneeschleuder.
Foto: Sammlung Hehl

Im winterlichen Bahnhof Langen am Arlberg entstand kurz nach der Eröffnung der Arlbergbahn im Jahr 1884 dieses Foto einer 2B-Dampflokomotive samt Reisezug. Kurz vor der Weiterfahrt in Richtung Bludenz haben sich zahlreiche honorige Herrschaften für ein Erinnerungsfoto eingefunden.
Foto: Sammlung Hehl

Das Leiden der Lokführer

Die von Dampfloks bespannten Schnellzüge quälten sich üblicherweise mit einer Geschwindigkeit von 26 Stundenkilometern den Arlberg hinauf. Personenzüge erreichten 20 km/h, Güterzüge sogar nur 12 km/h. Eine tägliche Tortur für die Lokpersonale war dabei die Fahrt durch den Scheiteltunnel. Denn der Qualm und der Rauch der Dampflokomotiven blieb im Tunnel gefangen und bildete meist auf einer Länge von 400 bis 1.000 Metern den sogenannten „Pfropfen". Lokführer und Heizer waren diesen stickigen Rauchschwaden mit einem großen Anteil schwefliger Säure und giftigem Kohlenmonoxid schutzlos ausgeliefert. Der Ingenieur Alexander Niklitschek hatte die Gelegenheit, damals auf einer Dampflok über die Bergstrecke zu fahren und hinterließ einen eindrucksvollen Bericht einer solchen „Höllenfahrt" über den Arlberg. Der Text soll hier auszugsweise wiedergegeben werden:

„Mir klopft ein wenig das Herz, wie die Maschine mit aller Kraft arbeitend und mit gellendem Warnungspfiff in das schwarzklaffende Tunnelloch einfährt.

Zunächst ist die kalte, eigenartig nach Ruß und Rauch riechende Luft noch klar, bald jedoch scheint es, als ob ein warmer, stickiger Nebel, der zuerst nur so etwas wie eine kaum merkliche Trübung der Luft war, um uns stets dichter würde. Und immer heißer und erstickender wird das unheimliche Grau um uns, schwefliger Geschmack liegt auf der Zunge und mühsam beginnen die Lungen zu arbeiten, immer schwieriger wird es, Luft zu schöpfen und zu atmen.

,Der Pfropfen!' schreit mir der Lokomotivführer jetzt durch den wilden Lärm der unbeirrt weitertobenden Maschine zu. Und jetzt wird es ganz unheimlich! Der stickige Dampf um uns ist nun so dicht, dass er auf die kurze Entfernung bis zur Führerhauslaterne deutlich sichtbar wird; bald lässt die Leuchtkraft der ölgespeisten Laterne merklich nach. Die noch kurz zuvor freundliche Flamme wird zu einem kümmerlichen Funken.

Es beginnt in den Augen zu stechen. Wie ein warmer, schwerer Stein legt es sich auf die Brust. Kalter Angstschweiß beginnt mir auf die Stirn zu treten. - ,Taschentuch', rät der Führer schreiend. Und wirklich lindert das vor Mund und

Nase gehaltene Tuch ein wenig die Qual. Führer und Heizer aber stehen schutzlos im höllischen Rauch da. Der Heizer legt sogar unbeirrt Kohlen ein, und da scheint es mir, als ob auch die grelle, flackernde Glut des Kesselfeuers ihre sengende, weißgelbe Leuchtkraft eingebüßt habe und die züngelnden Flammen in der Feuerbüchse nurmehr in trübem orangerot flackerten.

So geht es geraume Zeit dahin, die mir eine Unendlichkeit zu sein dünkt. Endlich aber – ein schneidend scharfer, kalter Luftzug, gottlob, ein etwas freierer Atemzug – dann noch ein zweiter Windstoß eisig kalter Luft, und wir sind durch den ,Pfropfen' hindurch! Rasch ist der gespensterhafte Nebel verschwunden, und freundlich-klar schimmert wieder das Licht der Führerhauslaterne, gerade so wie die Flammen in der Feuerbüchse ihre alte sengende Leuchtkraft wieder gewonnen haben. Ich beuge mich weit über die Brüstung vor, damit der schneidend-kalte Luftzug des Gegenwindes rasch die letzten Reste des stickigen Rauchnebels aus den Lungen treibe, und schaue in die schwarze, eilende Nacht des Tunnels hinaus ..."

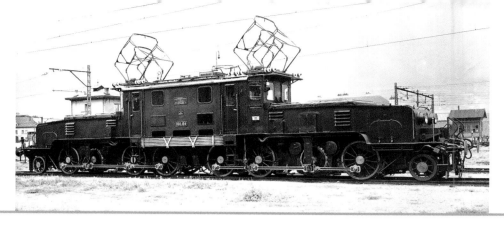

Im Jahr 1923 wurden für den elektrischen Betrieb auf der Arlbergbahn die ersten Lokomotiven der Baureihe 1100 geliefert, die schnell als „Österreichische Krokodile" bekannt wurden. Den sieben Maschinen der Ursprungsbauart folgten 1926 weitere neun Loks, die in etwas verstärkter Ausführung als Reihe 1100.100 bezeichnet wurden. Foto: Sammlung Hehl

Die Elektrifizierung

Bald tauchte die Forderung auf, die Kapazität der Strecke zu erhöhen. Doch die Bahn war überwiegend eingleisig, die Stationen waren unregelmäßig verteilt und verfügten nur über kurze Ausweichgleise. Nur eine Elektrifizierung konnte die Kapazität der Strecke erhöhen. Und so wurde schon am 23. Juli 1920 mit den Arbeiten begonnen, die am 14. Mai 1925 mit der Eröffnung des elektrischen Betriebes auf der Bergstrecke abgeschlossen wurden. Nun konnte die Maximalge-

Ein Unikum auf Schienen stellte die 1930 gebaute Versuchs-Umformerlok 1082.01 dar, die später bei der Deutschen Reichsbahn die Bezeichnung E 88 301 erhielt. Die Lok wandelte den Wechselstrom der Fahrleitung in Gleichstrom um, der wiederum die Gleichstrommotoren der Lok speiste. Diese Motoren galten als besonders robust, wovon sich die Techniker Vorteile bei der Wartung versprachen. Foto: Sammlung Hehl

schwindigkeit der Züge auf 50 bis 60 Stundenkilometer erhöht werden. Mit dem Ende des Dampfbetriebes gehörten auch die unzumutbaren gesundheitlichen Belastungen des Lokomotivpersonales durch den berüchtigten „Pfropfen" im Scheiteltunnel der Vergangenheit an. Hingegen blieb die Arlbergbahn bis heute den Naturgewalten im Hochgebirge ausgesetzt. Steinschläge, Muren und Lawinen bedrohen seit jeher die Trasse und sorgten immer wieder für Unfälle, Schäden und Betriebsunterbrechungen. In der Nacht auf den 12. Januar 1954 gingen beispielsweise nicht weniger als 50 Lawinen auf die Arlbergstrecke nieder. Eine davon traf den Bahnhof Dalaas, wo sich zu diesem Zeitpunkt die E-Lok 1020.42 mit einem aus fünf Wagen bestehenden Personenzug aufhielt. Dabei wurde die knapp 120 Tonnen schwere Lok

aus dem Gleis gehoben und vor die Front des Bahnhofsgebäudes geschoben. Die Schneemassen rissen drei Personenwagen bis zu 100 Meter weit mit und stellten einen der Wagen auf den Kopf. Zwei Wagen blieben im Gleis stehen und wurden verschüttet. Innerhalb weniger Sekunden hatten im Bahnhof Dalaas zehn Menschen einen eisigen Tod gefunden.

Vor diesem Hintergrund wurden im Lauf der Zeit viele Streckenabschnitte in neu gebaute Tunnels und Galerien verlegt, wo sie vor Lawinen und Muren geschützt sind. Der Ausbau und die Modernisierung der Arlbergbahn dauern bis heute an, was auf Teilstrecken mit einem zweigleisigen Ausbau verbunden ist. Trotz aller Baumaßnahmen aber gehört eine Fahrt über den Arlberg noch immer zu den schönsten Reiseerlebnissen im Alpenraum. ◼

Eisenbahn wie aus dem Bilderbuch:
Eine Lokomotive der Baureihe
1044 zieht vor dem Hintergrund der
Burg Wiesberg im Sommer 1994 einen
Eurocity über die Trisannabrücke
in Richtung St. Anton.
Foto: Markus Hehl

78

Reibung und Steigung im Gebirge: Steigungsverhältnisse im Vergleich

Lange Zeit wurde die Reibung zwischen Rad und Schiene unterschätzt. Beim Bau der ersten englischen Dampflokomotiven ging man davon aus, dass die Räder bereits bei einer Steigung von über fünf Promille unweigerlich durchdrehen würden. Doch schon bald nachdem William Hedley 1813 die Reibungsverhältnisse wissenschaftlich untersucht hatte, wurden immer steilere Eisenbahnstrecken gebaut. Karl von Ghega wagte sich trotz heftiger Kritik bei der Semmeringbahn, deren Betrieb durch das Hochgebirgsklima erschwert wurde, an die Marke von 25 Promille heran. Auch die später gebauten Alpenbahnen über den Brenner und den Simplon orientierten sich an diesem Wert. Geringfügig steiler sind mit 27 Promille die Gotthard-, die Tauern- und die Lötschbergbahn. Die Westrampe der 1884 eröffneten Arlbergbahn weist hingegen Maximalsteigungen von 31 Promille auf. Die berühmte Karwendelbahn von Innsbruck nach Seefeld in Tirol wurde 1913 mit einer Steigung von 36,5 Promille in Betrieb genommen. In den Grenzbereich des Reibungsbetriebes dringen diese großen Alpentransversalen jedoch längst nicht vor: Den europäischen Steigungsrekord hält die schmalspurige Pöstlingbergbahn in Linz an der Donau, die auf stolze 105 Promille kommt (Bild unten).

Reibungsbahnen		Zahnradbahnen	
Semmeringbahn	25 ‰	Bosnisch-herzegowinische	
Brennerbahn	25 ‰	Staatsbahn Sarajevo – Metkovic	60 ‰
Gotthardbahn (Südrampe)	27 ‰	Erzbergbahn	
Arlbergbahn (Westrampe)	31,4 ‰	Eisenerz – Vordernberg	71 ‰
Albulabahn	35 ‰	Kahlenbergbahn	100 ‰
Landquart – Davos	45 ‰	Schneebergbahn	200 ‰
Berninabahn	70 ‰	Schafbergbahn	255 ‰
Pöstlingbergbahn (Linz/Donau)	105 ‰	Pilatusbahn	480 ‰

Im Jahr 1907 wurde die automatische Vakuumbremse auf der Arlbergbahn erprobt. Mehrmals war die E-gekuppelte Dampflok 180.97 mit Versuchszügen auf der Strecke. Bei diesem Foto, das in der Nähe von Braz auf der Westrampe entstand, ist die Verbundbauart der Dampflok mit ihren zwei unterschiedlich großen Hoch- und Niederdruckzylindern gut zu erkennen.
Foto: Sammlung Asmus

Stefan Geisenfelder war am 25. März 2003 mit der Kamera zur Stelle, als ein Feuerlöschzug in der Nähe von Dalaas den Bahndamm befeuchtete. Dadurch sollen Brände verhindert werden, die durch Funken aus den Klotzbremsen talwärts fahrender Züge entfacht werden könnten.

Winter 1939 im Bahnhof Langen am Arlberg. Eine Gruppe von Gebirgsjägern der Deutschen Wehrmacht hat ihr Gepäck mit einem Schlitten zur Station gebracht und wartet auf den Zug.
Foto: Sammlung Hehl

Eine umgebaute österreichische Dampflokomotive diente 1939 als Schneepflug am Arlberg. Trotz zahlreicher Tunnels, Lawinenverbauungen und Schutzgalerien ist die Arlbergbahn bis heute den Unbilden der Witterung im Hochgebirge ausgesetzt. Immer wieder kommt es zwischen Landeck und Bludenz zu Betriebsstörungen aufgrund von Lawinen, Steinschlag oder Muren.
In der berüchtigten Lawinennacht von 12. Januar 1954 gingen nicht weniger als 50 Lawinen auf der Arlbergbahn nieder. Eine davon begrub in Dalaas einen Personenzug und tötete zehn Fahrgäste.
Foto: Sammlung Hehl

In der letzten Saison vor dem Ausbruch des Zweiten Weltkrieges herrschte in den Skigebieten am Arlberg noch friedliche Urlaubsstimmung. Winterurlauber wurden mit einem Kettenfahrzeug durch die Schneemassen vom Bahnhof zum Hotel befördert.
Foto: Sammlung Hehl

Die Triebwagen der Baureihe 4010 machten den „Transalpin" als schnellen Tageszug von Wien über Salzburg, Bischofshofen, Zell am See, Innsbruck und St. Anton am Arlberg nach Zürich bekannt. Als die Verbindung am 1. Juni 1958 eingeführt wurde, betrug die Fahrzeit des Transalpin sagenhafte elf Stunden und 35 Minuten – seinerzeit absoluter Rekord. Renate Asmus fotografierte am 23. September 1984 einen Zug der Baureihe 4010 unweit von Pettneu an der Arlberg-Ostrampe.

Nostalgische Reisen mit historischen
Dampflokomotiven finden immer mehr Liebhaber.
Als eine der längsten und erlebnisreichsten
Dampfloktouren in Deutschland galt lange Zeit die rund 600
Kilometer lange „Arlberg-Rundfahrt", die immer wieder mit der
41 018 der Dampflok-Gesellschaft München angeboten wurde:
Von München aus führte die Reise als Tagesfahrt über Kufstein,
Innsbruck, St. Anton, Bludenz, Lindau und Kempten im Allgäu
wieder zurück nach München. Im Bild die 41 018 im
Mai 1988 bei der Ausfahrt aus dem Arlbergtunnel in
Langen am Arlberg.
 Foto: Markus Hehl

Auf der Simplonbahn nach Domodossola

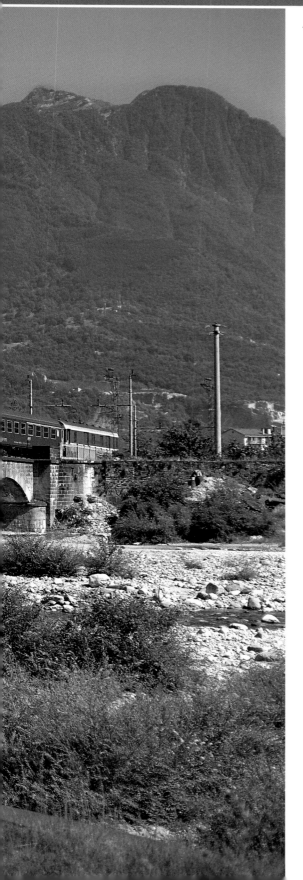

Christian Zellweger fotografierte am 28. Juli 1993 eine Elektrolokomotive der schweizerischen Bauart Re 6/6, die mit ihrem Reisezug durch die Landschaft unweit von Domodossola auf der Südseite des Simplon eilte. Vom Südportal des Simplon-Tunnels bis nach Domodossola fällt die Strecke von 628 bis auf 270 Meter Seehöhe.

Napoleon Bonaparte legte einst ein Lineal auf die Landkarte zwischen Lausanne und Mailand und stellte fest, dass die gerade Linie zwischen den beiden Städten über den Simplon verlief, jene Passlandschaft in den östlichen Walliser Alpen mit einer Passhöhe von 2005 Metern über dem Meeresspiegel. Pragmatisch wie der Kaiser Frankreichs war, befahl er daraufhin am 7. September 1800 den Bau einer Straße über den Pass.

Napoleon setzte sich durch

Tatsächlich wurde das aufwendige Projekt rund fünf Jahre später fertiggestellt und ging als erste Kunststraße der Hochalpen in die Geschichte ein. Der Bedeutung des Bauwerkes entsprechend ließ der leitende Ingenieur ein Relief der Berge mitsamt der neuen Straße anfertigen und nach Paris bringen, um es dem Kaiser zu präsentieren. Napoleon war angetan vom Ergebnis seiner Idee. Den echten Simplon jedoch hat er bis zu seinem Tod in der Verbannung 1821 nie gesehen.

Immerhin leistete Napoleons Straße noch einige Jahrzehnte lang wertvolle Dienste. Postkutschen und Pferdefuhrwerke rollten über den Simplon und bedienten damit den Verkehr zwischen dem Westen Europas, aus England, Frankreich und Flandern nach Oberitalien und umgekehrt. Damit nahm der Simplon eine Sonderstellung ein, denn andere Alpenübergänge wie der Brenner, die

Bündner Pässe und der Gotthard führten den Verkehr ausschließlich in Nord-Süd-Richtung über die Alpen. Die Idee einer Simplonbahn von Brig im Wallis ins italienische Domodossola aber musste zunächst zurückgestellt werden, da die Schweizer 1866 dem Bau einer Eisenbahn über den Gotthard den Vorzug gaben.

Erst die 1889 gegründete „Compagnie de Chemin de Fer du Jura et Simplon" verfolgte mit Nachdruck den Bau eines Eisenbahntunnels unter dem Simplon hindurch nach Italien. Damit sollte eine Lücke im Eisenbahnnetz geschlossen werden und die Simplonlinie zur internationalen Verbindung aufsteigen.

Denn die südliche Zufahrt von Mailand entlang des Lago Maggiore bis nach Domodossola war bereits fertiggestellt worden. Auch auf der Nordseite der Berge waren die Vorarbeiten abgeschlossen: Auf französischem Boden reichten die Gleise bis ans Südufer des Genfersees. Auf Schweizer Terrain rollten die Züge von Lausanne kommend schon durch das Rhonetal bis nach Brig. Die lang ersehnte Verbindung von Frankreich über die Schweiz nach Italien verlangte förmlich nach ihrer Vollendung durch den Bau des Simplontunnels.

Aber die beteiligten Ingenieure rauften sich die Haare angesichts der technischen Probleme, die sich da am Simplon auftürmten. Die Topographie im Grenzgebiet zwischen der Schweiz und Italien ließ drei Alternativen zu: Zunächst wurde das Projekt eines rund zwölf Kilometer langen Scheiteltunnels auf einer Höhe von rund 1068 Metern über dem Meer verfolgt, das die geringsten Aufwendungen beim Bau der Tunnelröhre versprach. Dafür wollte man sogar beidseitig den Bau von langen Zufahrtsrampen in Kauf nehmen. Variante zwei sah einen mittelhoch gelegenen „Zwischentunnel" vor,

Am 1. Juni 1958 wurde die 371 Kilometer lange Trans-Europ-Express-Verbindung „Lemano" von Genf über Brig, durch den Simplontunnel und über Domodossola nach Mailand aus der Taufe gehoben. Einer der zweiteiligen Dieseltriebzüge der italienischen Staatsbahn FS fährt als TEE Lemano dem Ufer des Genfersees entlang in Richtung Mailand.
Foto: Bellingrodt, Sammlung Hehl

der die Röhre verlängert, die Rampen-strecken jedoch verkürzt hätte. Schließ-lich einigten sich die Experten trotz anfänglicher Bedenken auf einen gera-dezu gigantischen, rund 20 Kilometer langen Basistunnel, der im Norden auf Höhe der Talsohle in Brig beginnen und nach Iselle di Trasquera im Süden führen sollte. Tatsächlich wurde am 25. Novem-ber 1895 ein entsprechender Staatsver-trag zwischen der Schweiz und Italien unterzeichnet. Damit war der Startschuss gefallen für den Bau des damals längsten Tunnels der Welt.

Im August 1898 machten sich die Arbeiter auf beiden Seiten des Gebirgs-massivs ans Werk. Doch damit fingen die Schwierigkeiten erst richtig an. Die Geo-logie des Berges machte den Bauarbeitern das Leben zur Hölle und stellte die Mach-barkeit des Vorhabens nicht nur einmal in Frage. Immer wieder taten sich tief im Innern des Berges heiße Quellen auf und setzten den Stollen unter Wasser. Stellen-weise war der Fels so instabil, dass mas-sive Abstützungen aus Baumstämmen wie Streichhölzer einknickten und selbst Fachleute am Erfolg des Unternehmens zweifelten.

Der Tunnel wurde so geplant, dass er von Brig (678 m) mit bis zu zwei Promille ansteigt und bei Kilometer 9,6 seinen Scheitelpunkt auf rund 705 Metern über dem Meeresspiegel erreicht. Dann geht die Strecke in der Tunnelmitte in ein rund 500 Meter langes horizontales Zwischen-stück über und fällt anschließend in Richtung Süden mit bis zu sieben Pro-mille zum Nordportal in 633 Metern Höhe. Da der Simplontunnel auf der Schweizer Seite auf dem Niveau der Talsohle beginnt, gilt er von Brig aus gesehen als Basistunnel. Hingegen muss er von Süden her betrachtet als Zwi-schen- oder Scheiteltunnel bezeichnet

werden. Denn das Südportal des Tunnels liegt am Ende einer langen 25-Promille-Steigung, die von Domodossola (270 m) durch die Diveria-Schlucht über Preglia und Varzo bis nach Iselle di Trasquera führt. Im Verlauf dieser Südrampe wur-den zahlreiche Brücken und Viadukte sowie weitere neun Tunnelbauwerke mit einer Gesamtlänge von 8,3 Kilometern errichtet – darunter der 2968 Meter lange Varzo-Kehrtunnel, der als einer der längsten je ausgeführten Kehrtunnel gilt.

Acht Jahre lang arbeiteten zahllose Männer am Bau des Simplontunnels und der Zulaufstrecken. Dann war es soweit: Am 17. Mai 1906 wurde das Bauwerk im Beisein des italienischen Königs Vittorio Emanuele III. und des schweizerischen Bundespräsidenten Ludwig Forrer einge-weiht. Damit war die Schienenverbindung von Frankreich über die Westschweiz bis nach Mailand vollendet. Die Züge rollten nun schnell und sicher unter jener faszi-nierenden und gleichzeitig so unwirt-lichen Bergwelt hindurch, deren Gipfel auf über 4000 Metern Höhe mit ewigem Eis überzogen sind.

Um die Kapazität des eingleisigen Tunnels zu erhöhen, war in der Mitte eine Kreuzungsstation eingerichtet wor-den, die ständig mit zwei Eisenbahnern besetzt war. Erst 1912, nach dem Über-gang der Simplonbahn in das Eigentum der Schweizerischen Bundesbahnen SBB, wurde eine zweite eingleisige Tunnelröhre gebaut und am 16. Oktober 1922 in Betrieb genommen.

Noch vor der Eröffnung der Simplonlinie hatten viele Eisenbahnfachleute den Dampflokbetrieb im 20 Kilometer langen Tunnel in Frage gestellt. Da der Tunnel von beiden Portalen her zur Mitte hin ansteigt, mussten die Dampfloks mit voller Kraftanstrengung in die Röhre einfahren und entsprechend viel Dampf,

Rauch und Ruß ausstoßen. Unter diesen Umständen wäre der Tunnel innerhalb kürzester Zeit völlig verqualmt und verraucht gewesen. Sogar eine Vergiftung des Lokpersonales während der Fahrt wurde nicht ausgeschlossen. Vor diesem Hintergrund wurde noch während der Bauarbeiten beschlossen, die Tunnel-strecke zwischen Brig und Iselle di Trasquera zu elektrifizieren. Tatsächlich konnte die Eisenbahn schon am 1. Juli 1906, also wenige Wochen nach der Inbetriebnahme, von Dampf- auf elektri-schen Betrieb umgestellt werden.

Die Züge fuhren zunächst mit Dreh-strom von 3000 Volt Spannung und 16 2/3 Hertz Frequenz. Erst 1919 wurde auch die nördliche Zulaufstrecke zum Simplon von Sitten bis Brig auf elektri-schen Betrieb umgestellt. Auch die steile Südrampe von Domodossola nach Iselle di Trasquera blieb noch lange Zeit dampfbetrieben und wurde erst am 15. Mai 1930 elektrifiziert. Dabei wurde nunmehr das schweizerische Einheits-stromsystem mit Einphasenwechselstrom von 15.000 Volt Spannung bei 16 2/3 Hertz Frequenz verwendet und das ältere Drehstromsystem zwischen Sitten und Iselle der neuen Technik angepasst.

„Das Hinabsteigen vom Simplonpass zähle ich zu meinen schönsten Reise-erinnerungen."

Der Schriftsteller Josef Victor Widmann (1842–1911) über eine Fahrt auf der Simplonbahn von Brig nach Domodossola

Abseits nüchterner Technik fand die Simplonstrecke aufgrund ihrer land-schaftlichen Schönheit bald ihre Liebha-ber unter den Reisenden aus aller Welt. Die Fahrt nach Italien wurde zum prickelnden Erlebnis, das beispielsweise der Schriftsteller Josef Victor Widmann (1842 – 1911) in eindrucksvollen Worten

Von Genf über Lausanne rollt ein Großteil des Simplonverkehrs in Richtung Italien. Im nächtlichen Bahnhof von Lausanne wartet am 20. Mai 1994 eine Lok der Baureihe Re 4/4 II mit ihrem IC 2291 auf die Weiterfahrt. Foto: Uwe Miethe

schilderte: „*Das Hinabsteigen vom Simplonpass zähle ich zu meinen schönsten Reiseerinnerungen. Ich will nicht von den kunstvollen Galerien auf der Südseite des Berges reden, nicht von allen den Wasserfällen rechts und links ... – wovon ich aber sprechen will, das ist die immer üppiger sich vordrängende Vegetation, die mehr und mehr der Landschaft zum alpinen Charakter die Reize südlicher Zonen verleiht. Schon stehen Nussbäume, reiche Ernte verheißend, mitten in den Tannen, jetzt aber auch zahme Kastanienbäume, die bald zu ganzen Gehölzen und Wäldern sich verdichten. Und ein balsamischer Duft weht mir entgegen. Der Wein blüht; denn bereits gedeihen hier Reben, und auch im Grün der Wiesen treten üppige Formen hervor, die uns ein neues, schöneres Land verkünden. Es braucht dort den granitenen Grenzstein nicht; tausend duftende Kelche haben es verkündet, dass wir in Italien sind ...*"

Schnell übernahm die Simplonbahn die ihr zugedachte Rolle als wichtige Linie im internationalen Nord-Süd-Transit durch die Alpen. Zusätzlichen Verkehr brachte am 15. Juli 1913 die Eröffnung der Lötschbergbahn, die von Bern kommend in Brig in die Simplonlinie einmündet. Rund 95 Jahre später stehen erneut große Umwälzungen an, denn mit der Fertigstellung des Lötschberg-Basistunnels im Jahr 2007 soll auch der Simplontunnel ausgebaut werden. Damit gilt die Lötschberg-Simplon-Achse als erste moderne Hochleistungsverbindung durch die Alpen.

Im Jahr 1906 wurde die Simplonlinie als schnellste Verbindung zwischen Paris und Mailand in Betrieb genommen. Aufwendig gestaltete Plakate warben für die Fahrt auf der neuen Eisenbahn, welche betuchte Reisende auch auf direktem Weg an den Lago Maggiore brachte.
Bild: Sammlung Hehl

Ebenfalls am Ufer des Genfersees bei
Veytaux-Chillon entstand am 22. Mai 1995
dieses Foto einer Re 4/4 ^{II}, die ihren Zug in
Richtung Simplon zieht. Die Bahnfahrt
entlang des Sees gehört zu den schönsten
Reiseerlebnissen, welche die Schweizerischen Bundesbahnen auf ihrem Netz zu
bieten haben. Foto: Christian Zellweger

Eine kolorierte Ansichtskarte aus der Zeit Mitte der 1920er-Jahre zeigt das Südportal des Simplontunnels in Iselle de Trasquera. Anfänglich wurde die Tunnelstrecke mit Drehstrom von 3000 Volt Spannung bei 16 2/3 Hertz Frequenz betrieben.
Foto: Sammlung Hehl

Zwischen Preglia und Varzo hat die Simplonbahn bereits die vielgerühmten „Reize der südlichen Zonen" erreicht, die vom Reiseschriftsteller Josef Victor Widmann einst beschrieben wurden. Am 7. Juli 1993 fotografierte der Schweizer Journalist Christan Zellweger in der zerklüfteten Landschaft südlich des Simplonpasses.

Die 1909 eröffnete Tauernbahn von Schwarzach-St. Veit nach Spittal-Millstättersee zählt zu den jüngsten Alpentransversalen. Am 17. August 1990 fotografierte Thomas Wunschel die 1043.007 bei Kaponig

Im Verkehr zwischen Nordeuropa und den Ländern des Balkan rollen täglich erhebliche Mengen von Gütern über die Tauernbahn. Vor diesem Hintergrund wurde die Strecke in den vergangenen Jahren mit großem Aufwand modernisiert und ausgebaut. Streckenabschnitte, die noch aus der Ursprungszeit stammen wie auf diesem Bild, gibt es heute kaum noch. Thomas Wunschel fotografierte am 7. Juli 1984 diese 1043 beim Dösen-bachviadukt.

Tauern– und Wocheinerbahn

Die Österreichischen Bundesbahnen stellten 1971 insgesamt zehn Lokomotiven der Baureihe 1043 in Dienst, die speziell für den Einsatz auf der Tauernbahn gedacht waren. Die Loks waren von der schwedischen Firma ASEA nach dem Vorbild der ebenfalls schwedischen Baureihe Rc2 gebaut worden. Die fabrikneue 1043.01 war am 26. November 1971 mit einem Messzug auf der Tauernbahn unterwegs. Foto: Sammlung Hehl

Schon Ende des 19. Jahrhunderts wurde im österreichischen Kaiserreich neben der Semmeringbahn eine zweite Verbindung in die wichtige Hafenstadt Triest geplant. Eine neue Bahnverbindung von der Adria über Kärnten durch das Tauerngebirge nach Salzburg und Süddeutschland sollte den ständig steigenden Verkehr aufnehmen. Zugleich sollte die Tauernbahn später ein wichtiges Bindeglied zwischen Mitteleuropa und den Balkanländern werden.

Wie über oder durch die Tauern kommen?

Doch das Projekt ließ gewaltige Probleme erwarten: Südlich des Gasteinertales erhebt sich das zerklüftete und unwegsame Tauerngebirge, das die heutigen Bundesländer Salzburg und Kärnten voneinander trennt. Jahrelang wurde um die Wahl der besten Trasse gestritten. Fast 20 verschiedene Varianten wurden entworfen, berechnet und teilweise sogar in den Bergen abgesteckt. Schließlich einigten sich die Bahnbauer auf die sogenannte Gasteiner Linie: Die geplante Bahn sollte in Schwarzach-St. Veit auf einer Meereshöhe von 591 Metern von der bereits bestehenden Strecke Innsbruck – Wörgl – Salzburg abzweigen und dem Gasteiner Tal folgend über Hofgastein und Badgastein bis Böckstein an Höhe

gewinnen. Dann sollten die Gleise im 8551 Meter langen Tauerntunnel auf die Südseite der Hohen Tauern zur Station Mallnitz-Obervellach geführt werden. Der Scheitelpunkt der Strecke lag somit auf einer Höhe von 1226 Metern im Tauerntunnel. Für den Abstieg nutzte die Trasse das Mallnitz- und Mölltal bis nach Spittal-Millstättersee. Dort sollte die eingleisige Gebirgsbahn enden und in die zweigleisige Talstrecke nach Villach übergehen. Diese Linienführung versprach sowohl wirtschaftlich als auch technisch die meisten Vorteile und wies den kürzesten Scheiteltunnel auf.

Nachdem die technischen Rahmenbedingungen geklärt waren, wurde die österreichische Regierung am 6. Juni 1901 zum Bau der Tauernbahn ermächtigt. Gleichzeitig beschlossen die Politiker auch die Weiterführung der Strecke über Villach hinaus nach Triest, was mit dem Bau von zwei weiteren bekannten Alpenbahnen verbunden war: Die Karawankenbahn sollte von Villach aus über Rosenbach und durch den Karawankentunnel hindurch die Verbindung nach Assling (Jesenice) im heutigen Slowenien herstellen. In Assling (Jesenice) wiederum sollte die Wocheinerbahn beginnen und durch die Julischen Alpen hindurch über das heutige Nova Gorica nach Triest gelangen. Damit war im Habsburgerreich nach der Semmering- und der Brennerbahn das dritte große alpenüberquerende Eisenbahnprojekt angestoßen worden. Allein die Zahlen der 83 Kilometer langen Kernstrecke über die Tauern von Schwarzach-St. Veit bis nach Spittal-Millstättersee waren beeindruckend: Auf der

Nordrampe überwand die Bahn einen Höhenunterschied von 635 Metern, auf der Südrampe waren es sogar 683 Meter. Um diese gewaltigen Anstiege bewältigen zu können, führten die Planer die Trasse mit einer Steigung von 25,5 Promille das Tauerngebirge hinauf: Stellenweise wurden sogar 27 Promille erreicht. Die Südrampe verfügte in der ursprünglichen Bauausführung über zwölf, die Nordrampe über vier Tunnels mit einer Gesamtlänge von 14.711 Metern. Außerdem wurden 47 große Brücken errichtet, wobei die 137 Meter lange und 65 Meter hohe Angerschluchtbrücke bei Badgastein besonders Aufsehen erregte.

Im Oktober 1901 begannen die Bauarbeiten, wobei allein schon die Bereitstellung der Baustoffe Probleme bereitete. Denn viele Abschnitte der Nord- und Südrampe waren hoch über der Talsohle gelegen und nur mit Seilbahnen, Aufzügen oder eigens eingerichteten Dienstbahnen zu erreichen. Problematisch war auch die extreme Witterung im Hochgebirge mit ausgiebigen Schneefällen im Winter. Schon bei den Bauarbeiten kam es zu einem schweren Lawinenunglück, bei dem 26 Arbeiter ums Leben kamen. Entsprechend viel Geld wurde in Lawinenschutzverbauungen entlang der Trasse investiert.

Der 8551 Meter lange Scheiteltunnel verursachte naturgemäß den größten Aufwand. Brüchiges Gestein machte den Arbeitern das Leben schwer. Immer wieder hatten die Männer in dem stickigen Stollen mit plötzlichen Wassereinbrüchen zu kämpfen. Die Tunnelröhre wurde bis zu 1567 Metern von den Bergen der Hohen Tauern überdeckt, was einen gewaltigen Gebirgsdruck mit den damit verbundenen hohen Temperaturen im Innern des Berges verursachte. Trotz aller Widrigkeiten konnte der Tauerntunnel

Der Dösenbach-Viadukt zählt zu den größten Mauerwerksbauten im Verlauf der Tauernbahn: 74 Meter Länge; 35 Meter Höhe; eine Öffnung mit 32 Metern lichter Spannweite. Foto: Sammlung Knipping

am 21. Juli 1907 durchschlagen werden. Sofort danach machten sich die Vermesser daran, die genaue Lage der beiden Stollenvortriebe zu vermessen. Die dabei gewonnenen Ergebnisse waren erstaunlich: Der Nord- und der Südstollen wichen in der Horizontalen nur um 55 Millimeter und in der Höhe nur um 56 Millimeter voneinander ab.

Endlich konnte am 20. September 1905 das nördliche Teilstück der Tauernbahn von Schwarzach-St. Veit bis nach Badgastein eröffnet werden. Doch die Arbeiten am Scheiteltunnel und an der Südrampe zogen sich in die Länge, sodass die Gesamtstrecke erst nach achtjähriger Bauzeit am 5. Juli 1909 dem Betrieb übergeben werden konnte.

Internationale Reise- und Güterzüge nutzten nun die Tauernbahn im Verkehr zwischen dem Nordwesten und dem Südosten Europas. Hochwertige Schnellzüge rollten beispielsweise von Holland über München, Villach und Belgrad nach Sofia, Athen oder Istanbul. Die Tauernbahn und ihre Fortsetzung, die am 1. Oktober 1906 eingeweihte Karawankenbahn von Villach nach Assling (Jesenice), erfüllten also die hohen Erwartungen.

Ebenfalls am 1. Oktober 1906 war die 96 Kilometer lange Wocheinerbahn von Assling (Jesenice) nach Görz als Fortsetzung von Tauern- und Karawankenbahn in Richtung Triest eröffnet worden. Doch mit dem Ende des Ersten Weltkrieges wurden im Alpenraum neue Grenzen gezogen und die Donaumonarchie verlor ihren Hafen an der Adria. Die landschaftlich überaus reizvolle Wochei-

nerbahn mit dem 6339 Meter langen Wocheiner-Tunnel verlor damit die ihr zugedachte Funktion und rutschte auf das Niveau einer Regionallinie ab.

Im Bereich der Tauernbahn hingegen wurde Anfang der 1930er-Jahre unter dem Eindruck der Weltwirtschaftskrise die Elektrifizierung der Strecke von Schwarzach-St. Veit bis Spittal-Millstättersee als Notstandsarbeit beschlossen. Schon zuvor war in Obervellach ein Wasserkraftwerk gebaut worden, das nun den Einphasen-Wechselstrom von 15.000 Volt Spannung und 16 2/3 Hertz Frequenz für die Tauernbahn lieferte. Die ersten planmäßigen elektrischen Züge verkehrten am 15. Dezember 1933. Im Vergleich zur alten Dampftraktion konnte der Zugverkehr jetzt deutlich schneller und dichter abgewickelt werden.

Schon im Jahr 1920 übernahm die Bahn im Tunnelabschnitt zwischen Böckstein und Mallnitz-Obervellach mit der sogenannten „Autoschleuse" eine weitere Aufgabe: Denn zwischen dem Gasteinertal im Norden und dem Mölltal im Süden

besteht bis heute keine direkte Straßenverbindung. Deshalb fahren Pendelzüge durch den Tauerntunnel und bringen Automobile und Lastkraftwagen von Nord nach Süd und umgekehrt.

Die Tauernbahn war ebenso wie alle anderen großen Alpenbahnen in ihrer ursprünglichen Bauform und Linienführung dem wachsenden Verkehr bald nicht mehr gewachsen. Im Jahr 1981 beispielsweise rollten 27 Prozent des gesamten österreichischen Transitverkehrs über die Tauern. Der Bau von zusätzlichen Kreuzungs- und Überholbahnhöfen sowie die Errichtung zusätzlicher Blockstellen auf freier Strecke waren erste Schritte zur Erhöhung der Kapazität. Letztlich aber konnte nur durch den zweigleisigen Ausbau, der seit Anfang der 1970er-Jahre mit großem Aufwand betrieben wird, eine merkliche Verbesserung der Infrastruktur erreicht werden. Inzwischen sind viele Streckenabschnitte vollkommen neu trassiert worden, was mitunter den Bau gewaltiger neuer Stahlbetonbrücken bedeutete. ∎

Die Inschrift am Nordportal des 8550,58 Meter langen Tauerntunnels erinnert an die Regentschaft von Kaiser Franz-Joseph I..
Foto: Sammlung Hehl

Bei der Modernisierung und beim zweigleisigen Ausbau der Tauernbahn kam es mitunter zu kuriosen Begegnungen zwischen neu und alt. Eine Lokomotive der Baureihe 1044 kreuzt mit ihrem Zug auf der alten Trasse die nahezu fertig gestellte neue Linienführung. Foto (1984): Thomas Wunschel

Die Südrampe zwischen Mallnitz-Obervellach und Spittal-Millstättersee bietet faszinierende Ausblicke auf die umliegenden Berge. Thomas Wunschel fotografierte am 14. September 1999 den Triebzug 4010.18 auf der Talfahrt in Richtung Süden.

Als größtes Brückenbauwerk im Verlauf der Tauern-Nordrampe wurde die 137 Meter lange Angerschlucht-Brücke errichtet. Das stählerne Tragwerk erhebt sich rund 65 Meter hoch über dem Tal. Im Februar 1993 zog die 41 018 der Dampflok-Gesellschaft München einen Sonderzug mit Panoramawagen des Reisebüros Mittelthurgau von München bis nach Badgastein und zurück. Foto: Markus Hehl

Schon bald nach der Eröffnung der
Tauernbahn zwang die starke Zunahme
des Güterverkehrs zur Einrichtung
zahlreicher Blockstellen auf freier
Strecke sowie zum Ausbau der
Kreuzungs- und Überholungsgleise.
Foto (1987): Thomas Wunschel

Lokomotiven der österreichischen
Baureihe 1044 werden unter Eisen-
bahnfreunden aufgrund ihres lauten
und rauschenden Lüftergeräusches als
„Alpenstaubsauger" bezeichnet. Auf
der Tauernbahn bewältigten sie über
Jahre hinweg einen Großteil des
Personen- und Güterverkehrs.

Als zwischen 1901 und 1909 die Trasse der Tauernbahn in den Fels geschlagen wurde, bereitete vor allem die schwer zugängliche Lage der Baustellen im Hochgebirge erhebliche Probleme. Nur mit Hilfe von Lastaufzügen und Seilbahnen konnten Brücken wie diese errichtet werden, die Wilhelm Tausche 1983 mit zwei Lokomotiven der Baureihe 1042 und 1010 fotografierte. Sammlung Wunschel

WALDMA
VIADUKT

Triest war das eigentliche Ziel der Bahnbauten über die Tauern, durch das Karawankengebirge und durch das Wochein. Doch der Zerfall des Habsburgerreiches nach dem Ersten Weltkrieg lenkte die Verkehrsströme in andere Bahnen. Im Bild der Hauptbahnhof von Triest. Foto: Markus Hehl

Die Wocheinerbahn führt von Assling (Jesenice) nach Görz (Nova Gorica) quer durch die Julischen Alpen. Einst sollte die Strecke die direkte Verbindung vom österreichischen Kernland nach Triest, dem wichtigsten Hafen der Donaumonarchie an der Adria herstellen. Heute gehört die Wocheinerbahn zur Slowenischen Staatsbahn SZ. Foto: Markus Hehl

In Assling (Jesenice) zweigt die eingleisige Wocheinerbahn von der großen und bedeutenden Verkehrsachse ab, die von Salzburg über die Tauern- und Karawankenbahn in Richtung Balkan führt. Im Juni 2001 warten zwei Elektrolokomotiven der Slowenischen Staatsbahn auf ihre nächste Fahrt in Richtung der Hauptstadt Ljubljana. Foto: Markus Hehl

Kurz vor Nova Gorica treffen die letzten Ausläufer der Julischen Alpen auf die Küstenzone der Adria. Auf nur wenigen Kilometern Wegstrecke entlang der Wocheiner-bahn verändert sich das Landschaftsbild vollkommen. Am 18. Juni 1992 überquert die 33-037, eine ehemalige deutsche Kriegslokomotive der Baureihe 52, den so genannten Solkan-Viadukt, der zur Zeit seiner Erbauung als größte steinerne Eisenbahnbogenbrücke der Welt galt und im Verlauf der Isonzoschlachten im Ersten Weltkrieg mehrmals zerstört und wieder aufgebaut wurde.
Foto: Sammlung Hehl

Der Luogelkinn-Viadukt zählt zu den größten Brückenbauwerken der Lötschbergbahn. Auf 116 Metern Länge tragen fünf steinerne Bögen mit jeweils 20 Metern lichter Öffnungsweite die Gleise in einer Höhe von rund 50 Metern über die Schlucht. Michael Beitelsmann hielt an einem schönen Herbsttag diesen langen Güterzug auf dem Viadukt im Bild fest.

Vom Bernerland ins Rhonetal

Schon Mitte des 19. Jahrhunderts wurde erstmals über eine Eisenbahn von der schweizerischen Hauptstadt Bern in den Kanton Wallis diskutiert. Aber die 3000 bis 4000 Meter hohen Berge, welche die Täler des Wallis umgeben, erschienen lange Zeit als eine geradezu unüberwindliche Barriere. Zwischen Bernerland und Rhonetal schoben sich die Berner Alpen, in deren eisiger Gipfelwelt zunächst alle hitzigen Bahnbaupläne stecken blieben. Mehrere Trassenvarianten wurden überprüft und wieder verworfen. Unter anderem waren neben der später verwirklichten Lötschbergbahn auch eine Gemmi- und eine Grimselbahn im Gespräch. Doch der Bau dieser Linien scheiterte, da die Haupttunnel dieser Strecken jeweils bis zu 24 Kilometer lang geworden wären.

Direkte Verbindung

Im Jahr 1882 erhielt die Ostschweiz mit der Gotthardbahn eine direkte Verbindung nach Mailand. Ab 1906 rollten die Züge aus der Westschweiz über die Simplonlinie nach Italien. Auch die Zentralschweiz mit der Hauptstadt Bern forderte nun immer eindringlicher ihren Zugang auf der Schiene nach Süden. Die lange geplante Bahn über die Berner Alpen als „absolut kürzeste Transitlinie von Calais über Mailand nach Genua" sollte nun Wirklichkeit werden.

Endlich erteilte der Kanton Bern im Jahr 1897 die erste Konzession für den Bau der Bahn und stellte eine Staatsbeteiligung in Aussicht. Vier Jahre später

wurde die Verbindung zwischen Spiez und Frutigen als erstes Teilstück der späteren Lötschbergbahn eingeweiht. Der Jubel bei den Eröffnungsfeierlichkeiten war entsprechend groß. Doch die schwierige Bergstrecke stand den Bahnbauern noch bevor, weshalb der Regierungsrat Alfred Scheurer im Anblick der gewaltigen Bergriesen seinen Mitstreitern Mut machen wollte und voller Überzeugung rief: *„Wir durchbohren ihn, den Lötschberg!"*

1902 stimmte das Volk des Kantons Bern mit großer Mehrheit für eine Staatsbeteiligung an der Lötschbergbahn von 17,5 Millionen Franken. Gleichzeitig bildete sich ein Komitee für die Verwirklichung der „Berner Alpenbahn" aus dem am 27. Juli 1906 die „Berner Alpenbahn Gesellschaft Bern – Lötschberg – Simplon" (BLS) hervorging. Nun ging alles sehr schnell: Schon am 15. Oktober 1906 begannen die Arbeiten. Die Bautrupps griffen den Lötschberg sowohl von Kandersteg im Norden als auch von Goppenstein im Süden her an. Gleichzeitig waren bis zu 3250 Männer

entlang der Trasse beschäftigt – darunter viele Italiener. Nicht weniger als 370 Tonnen Dynamit wurden gezündet, um die Trasse aus dem Fels zu sprengen. Zusätzlich wurden für die Bohrarbeiten im 14,6 Kilometer langen Lötschbergtunnel elektrische Maschinen und Druckluft-Stoßbohrmaschinen verwendet. Eigens für den Materialtransport wurden zwei schmalspurige Dienstbahnen eingerichtet, die über verwegene Holzbrücken zur Baustelle der Lötschbergbahn führten. Außerdem wurden in Goppenstein, Kandersteg und Naters bei Brig große Werkplätze mit Werkstätten, Lagerflächen und Magazinen eingerichtet.

Auch am Lötschberg kam es während der Bauarbeiten zu schrecklichen Unfällen. So riss beispielsweise eine Lawine, die am Südportal des Haupttunnels niederging, am 29. Februar 1908 insgesamt 30 Menschen in den Tod. Weitere 25 Todesopfer waren zu beklagen, als nach einer Sprengung im Haupttunnel rund 7000 Kubikmeter Felsgeschiebe und Grundwasser in die Tunnelröhre eindrangen und die Arbeiter verschütteten. Angesichts dieser

Bis zu 3250 Männer waren gleichzeitig am Bau der Lötschbergbahn beschäftigt. Vor allem der Bau des 14,6 Kilometer langen Lötschbergtunnels verursachte erhebliche Probleme. Foto: Sammlung Hehl

Rund 400 Meter beträgt der Höhenunterschied zwischen dem Grund des Rhonetales und der Trasse der Lötschbergbahn bei der Ausfahrt aus dem Hohtenn-Tunnel. Anschließend führt die Strecke an der Hanglehne entlang talwärts bis nach Brig.
Foto: BBC – Sammlung Marcus Niedt

Katastrophe mussten die zuständigen Geologen die ursprüngliche Linienführung des Tunnels aufgeben, die Unglücksstelle mit einer zehn Meter dicken Mauer verschließen und den Tunnel im großen Bogen durch geologisch sicheres Terrain um die Einbruchstelle herumführen.

Kompliziert und gefährlich blieben die Arbeiten dennoch. Immerhin bohrten sich

Schiffsbetrieb und Basistunnel: Die moderne BLS

Durch eine Fusion im Jahr 1997 entstand die heutige „BLS Lötschbergbahn AG", zu der neben der alten Stammstrecke über den Lötschberg auch mehrere ehemalige Einzelgesellschaften und deren Regionalbahnen in der Zentralschweiz gehören. Auch der öffentliche Schiffsbetrieb auf dem Thuner- und auf dem Brienzersee gehören zur BLS, die nach der SBB als die zweitgrößte schweizerische Bahngesellschaft gilt. Die Aktienmehrheit liegt beim Kanton Bern.

Um den absehbaren Verkehrskollaps auf den Straßen abzuwenden, nahmen die Schweizer Bürger 1992 die Vorlagen zu den neuen Eisenbahn-Alpentransversalen (NEAT) an. Das Gesamtkonzept umfasst neben dem schrittweisen Ausbau der Gotthardachse auch die Lötschberg-Simplon-Achse. Mit dem Lötschberg-Basistunnel von Frutigen im Kandertal nach Raron im Wallis und dem Ausbau des bereits bestehenden Simplontunnels wird die erste moderne alpenquerende Eisenbahnachse Europas realisiert.

Der Basistunnel ist 34,6 Kilometer lang und als zweiröhriger, richtungsgetrennter Einspur-Eisenbahntunnel konzipiert. Nach jahrelangen Bauarbeiten wurde am Vormittag des 28. April 2005 der letzte Durchschlag gefeiert, als sich die Mineure der Berner Seite jenen der Walliser Seite die Hand reichten. Somit wird der Tunnel planmäßig im Jahr 2007 in Betrieb gehen. ■

die Tunnelbauer durch drei unterschiedliche geologische Hauptzonen mit Gesteinstemperaturen von bis zu 34 Grad Celsius. Der Haupttunnel, dessen Scheitelpunkt auf 1240 Meereshöhe liegt, wurde im Februar 1913 weitgehend fertiggestellt. Anschließend wurden die beiden Zufahrtsrampen vollendet.

Die Lötschberg-Nordrampe führt von Frutigen bis Kandersteg und überwindet auf einer Länge von 20,5 Kilometern mit zwölf Tunnels und zahlreichen Brücken eine Höhendifferenz von 418 Metern. Die maximale Neigung orientierte sich mit 27 Promille an den Steigungsverhältnissen auf der Gotthard- und Tauernbahn. Trotz dieser erheblichen Steigung mussten die Ingenieure in der Nähe der Station Blausee-Mitholz eine S-förmige Doppelkehrschleife mit einem 1655 Meter langen Wendetunnel bauen.

Noch sehr viel spektakulärer ist die 25,3 Kilometer lange Südrampe, die bei Goppenstein beginnt und an der Bergflanke der Lonzaschlucht entlang ins Rhonetal hinunterführt. Abschnittsweise ist die Strecke mit zahllosen Viadukten, Lawinenverbauungen, Steinschlaggalerien und Tunnels in die fast senkrecht abfallende Felswand hineingebaut worden. Besonders eindrucksvoll ist der Blick bei der Ausfahrt aus dem Hohtenn-Tunnel, wo sich der Zug rund 600 Meter über dem Talgrund der Rhone befindet und eine phantastische Aussicht auf die gegenüberliegenden Berggipfel im Walliser Hochgebirge bietet. An der Hanglehne entlang führt die Strecke talwärts bis nach Brig auf eine Höhe von 678 Metern. Dort schließt die Lötschbergbahn an die von Lausanne kommende Simplonlinie an.

Am 15. Juli 1913, nach rund sieben Jahren Bauzeit, rollte der erste planmäßige Zug über die Lötschbergbahn. Damit

war eine schnelle und direkte Verbindung von Nordwesteuropa zum Simplon und weiter nach Italien geschaffen worden. Innerhalb kurzer Zeit zog die Lötschbergbahn einen großen Teil des internationalen Verkehrs an und entwickelte sich zur Konkurrenz für die Linien am Gotthard und am Mont Cenis. Doch erst zwischen 1979 und 1992 wurde die Lötschbergbahn zweigleisig ausgebaut.

Modern und immer auf der Höhe der Zeit trieb die „Berner Alpenbahn-Gesellschaft Bern-Lötschberg-Simplon" stets die technische Entwicklung der elektrischen Zugförderung voran. Schon beim Bau der Strecke bewiesen die Elektrotechniker eine erstaunliche Weitsicht und wählten für die Elektrifizierung ein System mit Einphasen-Wechselstrom bei 15.000 Volt Spannung und 16 2/3 Hertz Frequenz. Damit begründete die BLS den modernen elektrischen Zugbetrieb auf Vollbahnen. Aber auch bei der Entwicklung neuer Elektrolokomotiven sorgte die BLS immer wieder für Schlagzeilen. Schon die Loks der Gattung Be 5/7, die zur Eröffnung der Bergstrecke gebaut worden waren, galten zu ihrer Zeit als die stärksten Lokomotiven der Welt. Auch in den folgenden Jahrzehnten wurden unter der Regie der BLS immer wieder besonders moderne und leistungsstarke Maschinen auf die Gleise gestellt.

Der Modernisierung der Strecke selbst aber waren Grenzen gesetzt. Trotz elektrischem Betrieb, zweigleisigem Ausbau und moderner Signaltechnik war die Kapazität der Bergstrecke begrenzt. Deshalb soll im Jahr 2007 die neue Strecke durch den Lötschberg-Basistunnel in Betrieb gehen und die alte Linie entlasten. ■

Ein historischer Augenblick: Am 31. März 1911 um 3.55 Uhr detonierten die letzten zwölf Dynamitstäbe. Damit war der Lötschbergtunnel nach rund viereinhalbjähriger Bauzeit durchschlagen. Nachdem sich der Staub der Explosion verzogen hatte, reichten sich die Mineure aus dem Nord- und aus dem Südstollen glücklich die Hände.
Foto: Sammlung Hehl

Im ursprünglichen Zustand zählte die Lötschberg-Nordrampe zwölf, die Südrampe 30 Tunnels und Galerien. Alle Tunnel zusammen einschließlich des Lötschbergtunnels erreichten eine Länge von 29,2 Kilometern. Ca. 1920 entstand dieses Bild vom Bahnhof Blausee-Mitholz.
Foto: Sammlung Marcus Niedt

Die Nordrampe zum Lötschberg führt
von Frutigen bis Kandersteg und
misst 20,5 Kilometer Länge; die
Südrampe verläuft auf einer Länge
von 25,3 Kilometern von Goppenstein
abwärts bis nach Brig.
Foto: Michael Beitelsmann

Von Interlaken Ost über Spiez nach Thun führt die Eisenbahn am Ufer des Thunersees entlang. In Spiez zweigt die Strecke in Richtung Lötschberg ab und führt durch das Kandertal bis nach Kandersteg zum Nordportal des Lötschbergtunnels. Am 13. August 1981 eilte eine BLS-Lokomotive in Richtung Lötschberg.
Foto: Dietmar Beckmann

Die durchgehende Eröffnung der Lötschbergbahn fand am 15. Juli 1913 statt. Von Anfang an war die Strecke elektrifiziert. Immer wieder stellte die Bern–Lötschberg–Simplon-Bahn in den folgenden Jahrzehnten besonders leistungsstarke Lokomotiven in Dienst.
Foto: BBC – Sammlung Marcus Niedt

Mit der Lötschbergbahn wurde 1913 über 30 Jahre nach der Gotthardstrecke ein zweites Tor nach Südeuropa geöffnet. Seither rollen die Züge über den Lötschberg in die Lombardei, in das Piemont und zu den Häfen des Mittelmeers. Foto: Dietmar Beckmann

Mit dem neuen Lötschberg-Basistunnel, der am 28. April 2005 durchschlagen wurde und im Jahr 2007 in Betrieb gehen soll, wird die alte Strecke über den Lötschberg erheblich entlastet werden. Bilder wie dieses werden dann seltener werden.
Foto (1983): Dietmar Beckmann

Der große deutsche Dichter Hermann Hesse schrieb Anfang 1913 in seiner Kurzgeschichte „Winterausflug" folgende Worte über die Lötschbergbahn: „Es gibt nichts auf der Welt, worauf ich sehnlicher warte, als auf das Fertigwerden dieser Bahn". Hesse wohnte damals in Bern und sehnte sich in der kalten Jahreszeit nach dem wohligen Süden.
Foto (1983): Dietmar Beckmann

Die Station Alp Grüm auf der Südseite des Berninapasses ist ausschließlich mit der Bahn zu erreichen. Entsprechend erholsam und ruhig ist die Atmosphäre im dortigen Berggasthof, wo man übrigens auch Zimmer mieten und eine Nacht im Hochgebirge verbringen kann. Im Februar 2002 wartete auf dem Abstellgleis in Alp Grüm eine Zuggarnitur der Rhätischen Bahn auf die Rückfahrt nach St. Moritz.
Foto: Markus Hehl

Im so genannten Albulakarussell zwischen Bergün und Preda gewinnt die Albulabahn mit Hilfe zahlreicher Kehrtunnels und Viadukte an Höhe. Speziell für die kurvenreichen und steilen Bergstrecken hatte die Rhätische Bahn in den Jahren zwischen 1921 und 1929 insgesamt 15 Elektro-Lokomotiven der Gattung Ge 4/4 in Dienst gestellt, die später als „Rhätische Krokodile" bekannt wurden.
Foto: RhB, Sammlung Hehl

Albula- und Berninabahn

Vielen Eisenbahnfreunden gilt die Rhätische Bahn im Schweizer Kanton Graubünden als „Highlight" der alpinen Eisenbahnwelt. Tatsächlich garantieren legendäre Züge wie der Glacier-Express und der Bernina-Express im wahrsten Sinne des Wortes für „Berge von Erlebnissen". Denn auch die Strecken und die Landschaft entlang der Gleise sind einzigartig. Deshalb darf im Reigen der „Großen Alpenbahnen" auch die schmalspurige Verbindung von der Kantonshauptstadt Chur durch das Albulatal und über den Berninapass ins italienische Tirano nicht fehlen.

Früher Tourismus

Schon Ende des 19. Jahrhunderts gehörte das Engadin, das rund 100 Kilometer lange malerische Hochtal am Oberlauf des Inns zwischen Maloja und Finstermünz, zu den Lieblingszielen der Reisenden aus aller Welt, wobei die Orte St. Moritz und Pontresina die weitaus meisten Besucher aufwiesen. Doch die Anreise war umständlich und beschwerlich: Vom österreichischen Landeck an der Arlbergbahn aus quälte man sich rund 18 bis 19 Stunden lang mit dem Pferdewagen oder mit dem Schlitten über eine holperige Poststraße über Schuls und Tarasp nach Pontresina oder St. Moritz. Auch von der schweizerischen Seite aus war der Zugang ins Engadin nicht viel günstiger: Von Chur, Thusis oder Davos aus mussten Urlauber und Sommerfrisch-

ler in einer zehn- bis zwölfstündigen Reise die Alpenpässe Julier (2287 m), Albula (2315 m) oder Flüela (2388 m) überwinden, um ans Ziel zu kommen. Graubünden besaß als größter Kanton der Schweiz Ende des 19. Jahrhunderts nur wenige Bahnverbindungen. Neben der normalspurigen Strecke der Vereinigten Schweizer Bahnen vom Bodensee her nach Chur wurden zunächst nur die meterspurigen Verbindungen von Landquart nach Davos (50 km) und nach Thusis (41 km) gebaut. Um die Erschließung des Landes zu beschleunigen, übernahm der Kanton Mitte der 1890er-Jahre die Führung der Eisenbahnpolitik selbst und erwarb zusammen mit einem großen Teil der Aktien an der Rhätischen Bahn auch einen entsprechenden Einfluss auf deren Geschäftspolitik. Damit wurden Bahnbauten möglich, welche die Kräfte von privaten Investoren überstiegen hätten.

Endlich wurde nun auch der Bau einer Eisenbahn von Thusis ins Engadin beschlossen. Doch die bewegte Topographie der Bündner Berge macht die Wahl der Linienführung nicht einfach. Eine Trasse von Davos über den Scalettapass und ein Projekt über den Julier wurden ebenso geprüft wie eine Bahn von Thusis dem Tal des Flusses Albula entlang nach St. Moritz. Nach langer Diskussion fiel die Entscheidung letztlich zugunsten der „Albulabahn", deren Trasse trotz aller notwendigen Kunstbauten die wirtschaftlichste Lösung versprach.

Ein erster Voranschlag nannte Baukosten in Höhe von 21,2 Millionen Schweizer Franken – eine Summe, die am Ende um über vier Millionen Franken überschritten wurde, da Linienverlegungen, Mehrarbeiten und unvorhergesehene Schwierigkeiten beim Bau des Albulatunnels zu Buche schlugen. 1898 war die Finanzierung des Projektes gesichert. Bald darauf wurde mit der Ausarbeitung der Detailpläne begonnen. Unverzüglich begannen die Arbeiter auch mit den Bauarbeiten am Haupttunnel, der mit seiner Länge von nahezu sechs Kilometern die Gesamtbauzeit bestimmte.

Der Schmittentobelviadukt und der Landwasserviadukt unweit von Filisur bilden einen atemberaubenden Abschnitt im Verlauf der Albulabahn. Noch vor der durchgehenden Elektrifizierung der Strecke in den Jahren 1913 bis 1919 entstand dieses Foto eines talwärts fahrenden Dampfzuges. Foto: RhB, Sammlung Hehl

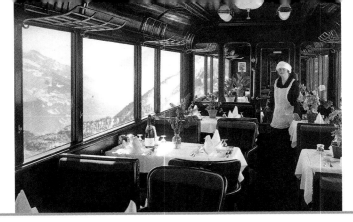

„Die hohe Kunst des Reisens" wurde auf den Alpenbahnen Graubündens in den 20er- und 30er-Jahren des vergangenen Jahrhunderts durch den Einsatz von Salon- und Speisewagen perfektioniert. Lukullische Genüsse ließen sich bestens mit den Landschaftserlebnissen einer Fahrt über die Albula- und Berninabahn kombinieren.
Foto: RhB, Sammlung Hehl

„Es ist wirklich, wie wenn Gott alle Schönheit zusammengenommen und über das Engadin ausgestreut hätte."

Else Spiller im Buch „Fahrten mit der Berninabahn", herausgegeben von der Bahnverwaltung im Jahr 1913

Dank der schmalen Spurweite von nur einem Meter konnte sich die Albulabahn mit scharfen Kurven und Minimalradien von nur 120 Metern – stellenweise sogar nur 100 Meter – dem Terrain anpassen. Auf Zahnstangenabschnitte wurde verzichtet. Die Bahn wurde ebenso wie alle anderen Strecken der Rhätischen Bahn für einen reinen Reibungsbetrieb angelegt und auf ein maximales Steigungsverhältnis von 35 Promille begrenzt.

Die Strecke beginnt auf einer Seehöhe von rund 700 Metern in Thusis, wo sie in das Tal der Albula eintritt. Schon auf den ersten Kilometern weist die Bahn zahlreiche Kunstbauten auf. Allein zwischen den beiden 6,2 Kilometer voneinander entfernten Stationen Sils und Solis durchfahren die Züge neun Tunnels mit einer Gesamtlänge von 3029 Metern. Die Reststrecke dieses Abschnittes führt auf 16 Viadukten mit einer Gesamtlänge von 642 Metern über zahlreiche Wildbäche. Jenseits der Station Solis folgt die Solisbrücke. Mit einer Höhe von 86 Metern und einer Spannweite von 42 Metern trägt sie die Gleise über das schäumende Wasser der Albula.

Im folgenden Abschnitt zwischen Tiefenkastel und Filisur befinden sich zwei weitere mächtige Talübergänge: Zunächst kommt der 35 Meter hohe und immerhin 137 Meter lange Schmittentobelviadukt.

Der Landwasserviadukt

Dann folgt das wohl spektakulärste Bauwerk der Albulabahn: Die Züge rollen in einer Höhe von rund 65 Metern über den Landwasserviadukt. In der schwindelerregenden Tiefe wälzt sich der gleichnamige Gebirgsbach. In einem engen Viertelkreis von nur 100 Metern Radius fährt der Zug auf eine senkrecht abfallende Felswand zu, um wenige Augenblicke später in einem 217 Meter langen Tunnel zu verschwinden.

Bis nach Filisur, das bereits auf einer Höhe von 1083,5 Metern liegt, steigt die Strecke mit maximal 25 Promille an. Anschließend erklimmt die Trasse die Berge mit Rampen von fast durchwegs 35 Promille. Nur in den Tunnels, wo sich die Reibung zwischen Rad und Schiene aufgrund der hohen Luftfeuchtigkeit vermindert, gingen die Ingenieure auf 30 Promille Steigung zurück.

Um den Höhenunterschied von 292 Metern zwischen den beiden benachbarten Stationen Filisur und Bergün zu überwinden, musste die Bahn um rund 1,2 Kilometer künstlich verlängert werden und eine Schleife mit einem 698 Meter langen Kehrtunnel ausfahren. Auf dem letzten Abschnitt der nördlichen Zufahrtsrampe zum Albulatunnel zwischen Bergün und Preda müssen sogar drei Kehrtunnels durchfahren werden, um die notwendige Höhe zu gewinnen.

Bei Preda tritt die Bahn dann in den 5866 Meter langen Wasserscheidentunnel ein, der die Nordkette der Rhätischen Alpen durchbricht, und auf 1823,4 Metern Höhe den Scheitelpunkt der Albulabahn erreicht. Anschließend fällt die Strecke zum südlichen Mundloch des Tunnels bei Spinas im Val Bever, einem Seitental des Engadins.

Bei Bever (1714 m) erreicht die Albulabahn den Inn und bald darauf Samedan, den Hauptort des Oberengadins. Nochmals steigt die Strecke bis nach Celerina und gelangt durch die Innschlucht mit zwei langen Tunnels in das Talbecken von St. Moritz.

Noch während der Bauarbeiten besuchten zahlreiche Fachleute aus dem In- und Ausland die Trasse und studierten die Technik, die Linienführung und die Arbeitsmethoden der Bahnbauer. Da die Anzahl der planmäßigen Züge auf der Albulabahn anfangs relativ gering war und eine Elektrifizierung der Strecke erheblich mehr Bauzeit in Anspruch genommen hätte, wurde der Verkehr am 1. Juli 1903 von Thusis bis nach Celerina mit Dampflokomotiven aufgenommen. Da in St. Moritz lange Zeit über die günstigste Lage des Bahnhofes diskutiert wurde, konnten die Züge erst am 10. Juli 1904 bis in den weltberühmten Kurort durchfahren. Damit war eine der außer-

Nach der Eröffnung der Albulabahn im Jahr 1903 wurde die alte Postkutschenverbindung über die Berge eingestellt. Mit der Eisenbahn hatte ein neues Kapitel in der Jahrtausende alten Verkehrsgeschichte des Alpenraumes begonnen.
Foto: RhB, Sammlung Hehl

Bahnsteigszene auf 2256 Metern über dem Meeresspiegel. Im Bahnhof Bernina Ospizio kreuzen sich die Züge aus Richtung Tirano und St. Moritz. Weit über der Baumgrenze gelegen, findet man rund um die Station herum nur steiniges und felsiges Hochgebirgsland. Foto: Markus Hehl

gewöhnlichsten Alpenbahnen vollendet. Elektrifiziert wurde die Strecke jedoch erst zwischen 1913 und 1919.

Weiter über den Bernina

St. Moritz war also von der Kantonshauptstadt Chur aus mit der Albulabahn erschlossen worden. Da lag es nahe, die Fortsetzung über den Berninapass hinweg auf die Südseite der Alpen nach Tirano im italienischen Veltlin zu suchen. Tatsächlich wurde schon 1899 eine erste Konzession für die Strecke erteilt. Damit sollte die erste und einzige Bahnverbindung zwischen der Schweiz und Italien entstehen, welche die Alpen offen und ohne Scheiteltunnel überquert. Zugleich wurde nun auch am Berninapass das Ende der Postkutschenromantik und der alten Saumtransporte eingeleitet.
Am 15. September 1905 wurde in Basel eine Gesellschaft gegründet, welche die komplizierte Finanzierung des Projektes unter Dach und Fach bekam und am 15. Juli 1906 die Bauarbeiten auf beiden Seiten des Passes in Angriff nahm. Ein großer Stab von Ingenieuren und Technikern sowie zeitweise mehr als 2500 Arbeiter machten sich ans Werk. In einer beachtlichen Kraftanstrengung gelang es, die Bahn in knapp vier Jahren fertigzustellen und am 5. Juli 1910 zu eröffnen.
„Es ist wirklich, wie wenn Gott alle Schönheit zusammengenommen und über das Engadin ausgestreut hätte." So schrieb die Schriftstellerin Else Spiller schon drei Jahre nach der Bahneröffnung in einem Buch, das von der Berninabahn selbst herausgegeben worden war. Tatsächlich war die Landschaft entlang der Gleise mehr als atemberaubend. Der Anstieg zum Berninapass hinauf auf rund 2256 Meter über dem Meeresspie-

gel, die Fahrt auf der felsigen Passhöhe entlang des Lago Bianco, die Aussicht von der Station Alp Grüm auf den gewaltigen Palügletscher, der Abstieg über Cavaglia hinunter ins grüne und fruchtbare Puschlav, der berühmte Kreiselviadukt bei Brusio und schließlich die Ankunft in Tirano mit seinem italienischen Flair – das sind nur einige wenige Höhepunkte dieser aussichtsreichen Fahrt auf der Berninabahn.
Ursprünglich war die Strecke über den Berninapass als reine Sommerbahn konzipiert worden. Die Einheimischen waren felsenfest davon überzeugt, dass ein Winterbetrieb im Hochgebirge vollkommen unmöglich war. Dennoch entschloss sich die „Bernina Bahn" (BB) schon kurz nach der Eröffnung, den ganzjährigen Betrieb zu wagen. Dazu wurden zusätzliche Tunnels und Lawinenschutzgalerien gebaut und stellenweise die Linienführung der Strecke geändert. Außerdem wurden zwei Dampfschneeschleudern beschafft, die auch gegen meterhohen Schnee

ankämpfen konnten. Bei der Albulabahn und vor allem bei der Berninabahn stand von Anfang an auch die Erschließung der Bergtäler zu touristischen Zwecken im Vordergrund. Tatsächlich kamen im Lauf der Jahrzehnte immer mehr Ausflügler und „Sommerfrischler" in die Berge. So erlebten die Bahnen beispielsweise auch die „hohe Kunst des Reisens" in den 20er- und 30-Jahren des vergangenen Jahrhunderts, als gut situierte Fahrgäste aus aller Welt im mondänen Kurort St. Moritz eintrafen. Doch daneben erfüllten Personen- und Güterzüge stets auch die Verkehrsbedürfnisse der lokalen Bevölkerung, der Landwirtschaft und des Handwerks. 1943 fusionierte die Berninabahn mit der kantonalen Rhätischen Bahn RhB. Heute zeigen sich die Albula- und die Berninabahn als moderne und leistungsfähige Strecken, auf denen Schnell- und Regionalzüge ebenso zu beobachten sind, wie schwere Güterzüge und reine Touristikzüge, wie etwa der Glacier-Express oder der Bernina-Express. ■

Aussichtsreiche Schnellzüge: Glacier- und Bernina-Express

Mit dem Glacier- und dem Bernina-Express bieten die beteiligten Bahnen, die Rhätische Bahn und die Matterhorn Gotthard Bahn, zwei touristische Top-Produkte, die weltweit ihresgleichen suchen. Der berühmte Glacier-Express verbindet St. Moritz im Engadin mit Zermatt am Fuße des Matterhorns. In rund 7,5 Stunden geht die eindrucksvolle Reise durch sieben Täler, 91 Tunnels und über 291 Brücken. Dabei durchquert der Zug die ältesten Kulturlandschaften der Alpen – eine Reise, die im wahrsten Sinne des Wortes Berge von Erlebnissen beschert. Der Bernina-Express steht dem nicht nach, bringt er doch seine Fahrgäste von Chur, Davos oder St. Moritz durch Kehrtunnel, über hohe Viadukte, an Gletschern vorbei zu Palmen nach Tirano in Italien. Dabei bezwingt der Bernina-Express die gesamte Strecke über den 2253 Meter hohen Berninapass ohne Zahnrad. ■

Der 65 Meter hohe Landwasserviadukt wurde
schnell zum prägnanten „Markenzeichen" für die
Albulabahn. In einem engen Viertelkreis mit nur
100 Metern Radius rollen die Züge über das
Landwasser hinweg, das sich als schäumender
Gebirgsbach in der schwindelerregenden Tiefe
wälzt. Aufgrund ihrer genialen Linienführung
und ihrer Symbiose mit der umgebenden
Naturlandschaft soll die Albulabahn nun nach
der Semmeringstrecke als zweite Alpenbahn zum
Weltkulturerbe erhoben werden.
Foto: RhB, Sammlung Hehl

Regelmäßig bietet die Rhätische Bahn Nostalgiesonderfahrten mit den verbliebenen Lokomotiven der Gattung Ge 4/4 an. Beliebtes Fotomotiv ist dabei unter anderem die Ausfahrt der Züge aus der senkrecht abfallenden Felswand auf den Landwasserviadukt.
Foto: Stefan Geisenfelder

Moderne Schnellzüge der Rhätischen Bahn stellen heute die Verbindung von St. Moritz über die Albulabahn in die Kantonshauptstadt Chur her. Übrigens: Vom Bahnhof Filisur aus führt ein bequemer Wanderweg in nur 20 Minuten zu einem Fotostandpunkt, der aus erhöhter Warte diesen eindrucksvollen Blick auf den Landwasserviadukt erlaubt.
Foto: Markus Hehl

Sonne, Dampf und Schnee bieten zauberhafte Bildmotive, wenn die Dampfschneeschleuder der Rhätischen Bahn am Berninapass zum Einsatz kommt. Eisenbahnfreunde aus der ganzen Welt finden sich ein, um dieses Spektakel zu verfolgen.
Foto: Markus Hehl

Aus der Frühzeit der Albulabahn Anfang des 20. Jahrhunderts stammt diese Aufnahme. Um mit den winterlichen Schneemassen fertig zu werden, wurde diese Mallet-Dampflokomotive mit einem besonders großen Schneeräumer ausgestattet.
Foto: RhB, Sammlung Hehl

Am 1. Juli 1903 wurde die Albulabahn im Abschnitt zwischen Thusis und Celerina eröffnet. Das Engadin hatte damit den Anschluss an die „große weite Welt" erhalten. In Samedan (damals noch Samaden genannt) wurde der Eröffnungszug feierlich begrüßt.
Foto: RhB, Sammlung Hehl

Am Ufer des Lago Bianco entlang führt die Strecke über den Berninapass, der das Engadin im Norden mit dem Puschlav im Süden verbindet. Unweit dieser Stelle befinden sich die berühmten Skigebiete Bernina Lagalb und Bernina Diavolezza, die sich bequem mit der Bahn erreichen lassen.
Foto: Dietmar Beckmann

Bei jedem Einsatz muss das Triebwerk der Dampfschneeschleuder Xrot d 9213 gewissenhaft geprüft und abgeschmiert werden. Die 1910 gebaute Maschine erreicht eine Höchstgeschwindigkeit von 35 Stundenkilometern.
Foto: Markus Hehl

Die beiden Dampfschneeschleudern der Berninabahn, die in den Jahren 1910 und 1912 gebaut wurden, versahen bis 1967 wertvolle Dienste am Bernina. Aus der Zeit der regulären Einsätze stammt dieses Foto, das in der Nähe der Station Alp Grüm entstand und einen Eindruck von den gewaltigen Schneemassen vermittelt, die mitunter zu bewegen waren. Foto: RhB, Sammlung Hehl

Dampf gegen Schnee: Schneeschleudern am Berninapass

Ursprünglich wurde die Strecke über den Berninapass als reine Sommerbahn konzipiert. Doch schon wenige Jahre nach der Eröffnung entschloss sich die Betreibergesellschaft dazu, die „Bernina Bahn" (BB) für den ganzjährigen Betrieb zu öffnen. Um im Winter gegen die oft meterhohen Schneemassen ankämpfen zu können, wurde bei der Schweizerischen Lokomotiv- und Maschinen-Fabrik (SLM) in Winterthur der Bau von zwei Dampfschneeschleudern in Auftrag gegeben. Die Maschinen mit den Betriebsnummern Xrot d 9213 und Xrot d 9214 wurden in den Jahren 1910 und 1912 abgeliefert und konnten unabhängig von Fahrdraht und elektrischer Energie eingesetzt werden. Technisch gesehen sind die beiden Maschinen absolute Raritäten, da sie weltweit zu den wenigen Dampfschneeschleudern gehören, die selbstfahrend betrieben werden. Denn bei reinem Schiebebetrieb wäre die Entgleisungs-

gefahr angesichts von Kurvenradien mit nur 45 Metern und Steigungen von bis zu 70 Promille auf der Berninabahn zu hoch. Die SLM wählte für die Schneeschleudern ein Triebwerk der Bauart Meyer mit zwei jeweils dreiachsigen Triebgestellen. Die vier Zylinder sind also in der Mitte des Fahrzeuges einander zugewandt angeordnet. Darüber befindet sich das Triebwerk für den Schleuderantrieb mit zwei weiteren Dampfzylindern. Das stirnseitige Schleuderrad mit einem Durchmesser von 2,5 Metern arbeitet mit einer Drehzahl von bis zu 170 Umdrehungen pro Minute, womit sich Schneehöhen von bis zu drei Metern beseitigen lassen. Erst 1967 wurden die beiden Dampfschneeschleudern im planmäßigen Betrieb von modernen elektrischen Bauarten abgelöst. Während die Xrot d 9214 zur Blonay-Chamby-Museumsbahn gelangte, wurde die Xrot d 9213 zunächst in ihrem angestammten Depot in Pontresina als Reserve vorgehal-

ten. Erst 1984 schied sie aus dem normalen Bestand aus. Was sollte nun geschehen mit diesem technisch-historischen Kleinod, das sich als einzige betriebsfähige Dampfschneeschleuder Europas erhalten hatte? In dieser Situation zeigte die Rhätische Bahn RhB Mut und Traditionsbewusstsein und veranlasste, dass die Maschine als betriebsfähiges Schaustück erhalten blieb. Winter für Winter führt das Reisebüro der RhB seither Schauveranstaltungen durch. Unter dem Motto „Dampfschneeschleudern am Berninapass" findet sich dazu immer wieder die Fangemeinde der X rot 9213 ein. In einem offenen Aussichtswagen fahren Fotografen und Filmer dann bei klirrender Kälte über die Berninabahn. Im Abstand von rund 50 Metern folgt die Xrot, die den eigens ins Gleis geräumten Schnee in einem einzigartigen Schauspiel zur Seite schleudert. ■

Technische Daten

Bezeichnung: (X: Dienstfahrzeug; rot: Rotationsschneeschleuder, d: dampfgetriebenes Fahrzeug)	Xrot d 9213
Lokomotivbauart:	Meyer
Baujahr:	1910
Hersteller: Schweizerische Lokomotiv- und	Maschinenfabrik (SLM), Winterthur
Höchstgeschwindigkeit:	35 km/h
Gewicht:	64 Tonnen
Länge über Puffer:	13.856 mm
Höhe:	3.750 mm
Breite:	2.800 mm
Radstand:	10.650 mm
Leistung (Antrieb):	300 PS
Leistung (Schneeschleuder):	500 PS
Heimatbahnhof:	Pontresina

Für spezielle Reisegruppen wird eigens Schnee in die Gleise gezogen, der spektakulär von der Schleuder ausgeworfen wird. Foto: Markus Hehl

Die so genannte Montebello-Kurve zwischen Pontresina und Bernina Ospizio ist ein absolutes Muss für alle, die an der Berninabahn fotografieren. Im Hintergrund links – nahezu verdeckt durch den Abdampf der Schneeschleuder – ist der berühmte Morteratsch-Gletscher zu erahnen.
Foto: Markus Hehl

Die offenen Aussichtswagen der Rhätischen Bahn kommen normalerweise nur im Sommer zum Einsatz. Unerschrockene Fans und Liebhaber der Dampfschneeschleuder scheuen aber auch eine winterliche Fahrt im offenen Wagen nicht, wenn dabei gute Fotos und Filme von der Xrot d 9213 zu machen sind.
Foto: Markus Hehl

Mit einer Höhe von 2256 Metern
über dem Meer ist der Bahnhof
Bernina Ospizio der mit Abstand
höchst gelegene Scheitelpunkt aller
wichtigen alpenüberquerenden
Eisenbahnen. Wer in der Bahnhofs-
pension nächtigt, kann nicht nur den
interessanten Betrieb auf der Berninabahn verfolgen, sondern von dort
aus auch zu herrlichen Wanderungen
aufbrechen.
Foto: Markus Hehl

Das so genannte Albulakarussell
zwischen Bergün und Preda aus der
Vogelperspektive: Geradezu verwirrend
erscheint die Linienführung der
Strecke mit Kehrschleifen, Kehrtunnels,
Viadukten, Einschnitten und Bahn-
dämmen. Angesichts der ständigen
Richtungsänderungen sinkt so
mancher Reisender in den Zügen
orientierungslos in die Sitze.
Foto: RhB, Sammlung Hehl

Der Kreiselviadukt bei Brusio ist
ein weiterer Höhepunkt einer Reise
über die Albula- und Berninabahn.
Kurz vor dem Endpunkt Tirano mussten
die Bahnbauingenieure in die
Trickkiste der Technik greifen, um
den gewaltigen Höhenunterschied
beim Abstieg ins italienische Veltlin
zu bewältigen.
Foto: Markus Hehl

Auf einer kreisförmigen Brücke
schrauben sich die Züge der
Rhätischen Bahn nach oben bzw. nach
unten. Trotz zahlreicher Kunstbauten
wie eben jenem Kreiselviadukt
bei Brusio ist die Berninabahn mit bis
zu 70 Promille Steigung die mit
Abstand steilste der „großen"
Alpenbahnen.
Foto: Markus Hehl

Unweit des französischen Bergdorfes
Tende (im Bild links) erreicht die
Tendabahn im 8099 Meter langen
Scheiteltunnel auf 1073 Metern über
dem Meer ihren höchsten Punkt. Nur
durch den Bau zahlloser Tunnels und
Viadukte konnte die Tendabahn einst
über die Meeralpen geführt werden.
Foto (Mai 2002): Markus Henl

Heute dient die Tendabahn nur noch dem Regionalverkehr. Die ehemals erhoffte hohe internationale Bedeutung konnte die Strecke nie erreichen. Szene im Dorfbahnhof von Vernante an der italienischen Nordrampe im Mai 2002.
Foto: Markus Hehl

Der monumentale Bahnhof von St. Dalmas wurde einst als Grenzbahnhof im pompösen Stil der Mussolini-Zeit erbaut. Nachdem der Betrieb auf der Tendabahn nach dem Zweiten Weltkrieg eingestellt worden war, beherbergte das Gebäude neben einer Poststation auch ein Ferienheim der Französischen Staatsbahn SNCF. Erst seit 1979 fahren hier wieder Züge.

Überall in Europa hinterließ der Zweite Weltkrieg katastrophale Zerstörungen. Besonders tragisch aber traf es die so genannte Tendabahn, die das italienische Piemont mit der Riviera verbindet und auf spektakulärer Trasse über die Meeralpen führt. Denn die Strecke geriet im Lauf der Kampfhandlungen mehrmals zwischen die Fronten und wurde noch in den letzten Tagen des Krieges von deutschen Truppen zerstört. Erst über 34 Jahre später, im Oktober 1979 konnte die Tendabahn wieder eröffnet werden.

Der Weg zum Meer

Schon vor 1860 wurde über eine Eisenbahnverbindung von Nizza an der französischen Riviera über Cuneo nach Turin diskutiert. Die Strecke sollte die französisch-italienischen Meer- oder Seealpen überqueren und eine Verbindung zwischen dem Piemont und dem Mittelmeer herstellen. Tatsächlich begannen 1882 nahe der italienischen Stadt Cuneo die Bauarbeiten an der Trasse. Doch aufgrund politischer Verwicklungen sowie geologischer und topographischer Schwierigkeiten konnte der durchgehende Betrieb von Ventimiglia und Nizza über Breil sur Roya durch den Tendatunnel nach Turin erst am 30. Oktober 1928 aufgenommen werden.

Durch die Eröffnung der Tendabahn konnten andere italienische Strecken sowie bestehende Verbindungen zwischen Italien und Frankreich entlastet werden. Die Distanz auf der Schiene beispielsweise zwischen Bern und Nizza wurde durch die neue Linienführung Lötschberg – Simplon – Turin – Tenda von 902 auf 592 Kilometer verkürzt. Diese Vorteile wurden jedoch mit einem gewaltigen Aufwand an Kunstbauten, an

Brücken, Tunnels und Galerien in den Bergen der Meeralpen erkauft. Allein die 96 Kilometer lange Stammlinie Cuneo – Breil-sur-Roya – Ventimiglia zählt 81 Tunnels mit einer Gesamtlänge von 37,8 Kilometern. Die 44 Kilometer lange Teilstrecke Nizza – Breil verläuft zu 37 Prozent in insgesamt 22 Tunnels. Sieben Kehr- und Wendetunnels sorgen dafür, dass die Maximalsteigung sowohl auf der Süd- als auch auf der Nordrampe 25 Promille nicht übersteigt.

Der kleinste Kurvenhalbmesser liegt bei 300 Metern. Der höchste Punkt der Strecke befindet sich auf 1073 Metern über dem Meeresspiegel im knapp 8,1 Kilometer langen Tendatunnel.

Absurditäten des Krieges

Die erhoffte Bedeutung im internationalen Verkehr erlangte die Tendabahn allerdings nie. Als dann der Zweite Weltkrieg ausbrach, geriet die Strecke, die mehrmals die Grenze zwischen Italien und Frankreich kreuzt, unversehens ins Fadenkreuz der Kriegsgegner.

Italien erklärte an der Seite Deutschlands am 10. Juni 1940 Frankreich den Krieg. Noch in der folgenden Nacht zerstörten französische Truppen mehrere Viadukte, Tunnels und elektrische Einrichtungen der Strecke. Nur zwei Wochen später wurde zwischen Italien und Frankreich ein Waffenstillstand abgeschlossen, und die Italiener begannen mit dem Wiederaufbau. Am 29. November 1940 wurde der Betrieb wieder aufgenommen. Doch schon am 3. September 1943 schloss Italien einen Waffenstillstand mit den Alliierten. Daraufhin zerstörten Italiener selbst den Viadukt bei Saorge, der nun durch die nachrückenden Deutschen wiederaufgebaut wurde und im Januar 1944 wieder betriebsbereit war.

Immer wieder wurde die Bahn, die nun hauptsächlich der deutschen Besatzungsmacht diente, Ziel italienischer und französischer Partisanenangriffe. Zudem nahmen alliierte Bomberverbände mit der Landungsoperation in der Provence im August 1944 die Strecke ins Visier. Einen Monat später mussten sich die Deutschen aus dem unteren Royatal zurückziehen. Zuvor aber zerstörten sie wiederum Brücken und Tunnels.

Im Winter 1944/45 konnten deutsche Soldaten die alliierten Truppen im Royatal vorübergehend aufhalten, mussten sich aber im April 1945 endgültig nach Oberitalien zurückziehen. Dabei kam es nur wenige Tage vor Kriegsende wieder zu großen und sinnlosen Zerstörungen, indem deutsche Pioniere wichtige Bauwerke sprengten.

Erst mit der Kapitulation der deutschen Truppen in Oberitalien am 2. Mai 1945 war der Krieg beendet – die Tendabahn aber lag auf weiten Strecken in Schutt und Asche. Im Herbst 1947 musste Italien verschiedene Gebiete entlang der Bahn an Frankreich abtreten.

Die für 1949 geplante Wiedereröffnung der Strecke kam indes nicht zustande. Stattdessen zogen sich die Verhandlungen zwischen den beiden Staaten in die Länge. Währenddessen sorgten Unwetter dafür, dass die brachliegende Trasse weiter geschädigt wurde. Die leerstehenden Bahnhofsgebäude mit ihren gewaltigen Dimensionen verfielen im Lauf der Jahre oder wurden anderweitig genutzt. Streckenweise wurde die Bahntrasse mitsamt ihren Tunnels sogar für den Straßenverkehr verwendet.

Dann endlich wurde am 24. Juni 1970 ein italienisch-französisches Abkommen über den Wiederaufbau unterzeichnet. Knapp drei Jahre später begannen die

Noch heute entdeckt man am Bahnhofsgebäude von St. Dalmas im französischen Streckenabschnitt zwischen Tende und Breil sur Roya Einschüsse aus dem Zweiten Weltkrieg. Entlang der Tendabahn wüteten die Kämpfe zwischen den deutschen und den alliierten Truppen besonders heftig.
Foto: Markus Hehl

Bauarbeiten, die praktisch einen Neubau der Strecke auf der alten Trasse bedeuteten. Rund sechs Jahre lang dröhnte der Lärm der Baumaschinen durch die Bergwelt der Meeralpen.

Dann war es soweit: Über 34 Jahre nach der deutschen Kapitulation, nach der Wiederherstellung zahlreicher zerstörter Viadukte und Tunnels, nahm die Tendabahn am 7. Oktober 1979

endlich den Betrieb wieder auf. Damit wurde zugleich eine der letzten Wunden geheilt, die der Zweite Weltkrieg in das westeuropäische Eisenbahnnetz geschlagen hatte.

Der Viadukt von Saorge:
Symbol für eine vom Krieg geschundene Bahnlinie

In den Jahren 1922/23 wurde im Verlauf der Tendabahn in der Nähe des kleinen französischen Bergdorfes Saorge ein mächtiger Steinviadukt über das Tal der Roya erbaut. Nachdem Italien Frankreich den Krieg erklärt hatte, sprengten französische Truppen die Brücke in der Nacht vom 10. auf den 11. Juni 1940. Die vorrückkenden Italiener bauten daraufhin eine eiserne Behelfsbrücke, die schon fünf Monate später fertiggestellt war. Unter dieser begann der Wiederaufbau der ursprünglichen Steinbrücke, die 1941 vollendet war, jedoch schon im September 1943 von den Italienern selbst wieder gesprengt wurde. Nun bauten deutsche Besatzungstruppen die Brücke wieder auf, stellten sie am 2. Januar 1944 fertig und sprengten sie bei ihrem Rückzug im April 1945 abermals. Erst 1978 wurde der Viadukt von Saorge im Rahmen der Reaktivierung der Tendabahn als moderne Betonkonstruktion wiederhergestellt. Somit steht an dieser Stelle heute das sechste Brückenbauwerk. Doch noch immer liegen im schäumenden Wasser der Roya die Eisenteile der einstigen Behelfsbrücken und erinnern an den Wahnsinn des Krieges.

Der Rivoira-Viadukt bildet einen Teil der Kreiskehre oberhalb von Vernante. Nur mit Hilfe einer aufwendigen Kehrschleife im Berg und dem langen Viadukt war es möglich, den Höhenunterschied auf der Nordrampe zum Tendatunnel zu bewältigen.
Foto: Markus Hehl

Mit einer Höhe von 45 Metern gehört der Rivoira-Viadukt zu den eindrucksvollsten Bauwerken der Tendabahn. 14 gemauerte Bögen haben eine Spannweite von jeweils 15 Metern; ein Bogen hat eine Spannweite 23 Metern. Zwei der Brückenbögen wurden am frühen Morgen des 24. Dezember 1943 von Partisanen gesprengt. Wer heute zum Fotografieren hierher kommt, dem erzählen die Bauern in der Umgebung mitunter noch immer von den schrecklichen Ereignissen an der Brücke.
Foto: Markus Hehl

Im August 1994 fotografierte Wolfgang Walper einen Nahverkehrszug von Cuneo nach Ventimiglia bei der Einfahrt in den Bahnhof Tende. Der italienische Triebwagen mit der Betriebsnummer Aln 663 1168 muss seine volle Motorleistung von 340 kW aufbieten, um die steilen Streckenabschnitte der Tendabahn zu bewältigen.
Foto: Wolfgang Walper

Bahnhöfe wie Burgen: In Piene musste die Straße in einer Unterführung unter dem Empfangsgebäude hindurch geführt werden. Nur so fanden sowohl Straße als auch Schiene ihren Platz im engen Tal der Roya. Die Station, die seit 1947 auf französischem Gebiet liegt, wurde beim Wiederaufbau der Tendabahn nicht mehr reaktiviert.
Foto: Markus Hehl

Der große Alpsee zwischen Immenstadt und Oberstaufen ist eines der beliebtesten Ferienziele im Allgäu. Den Ingenieuren und Technikern, die Mitte des 19. Jahrhunderts die Ludwig-Süd-Nord-Bahn von Lindau nach Hof erbauten, bereitete die bergige Allgäuer Landschaft hingegen erhebliches Kopfzerbrechen. Im Mai 2001 rollt eine Diesellok der Baureihe 218 mit ihrem Regionalzug in Richtung Lindau.
Foto: Markus Hehl

Von München aus gelangt man auf der Karwendelbahn über Garmisch-Partenkirchen, Mittenwald und Seefeld in Tirol nach Innsbruck. Im Auftrag der Österreichischen Bundesbahnen fahren über die spektakuläre Strecke regelmäßig Nostalgiesonderzüge wie dieser, der soeben die Innbrücke im Stadtgebiet von Innsbruck überquert.
Foto: Thomas Feldmann

Deutschlands Alpen- und Voralpenbahnen

Sie sind nicht spektakulär; sie besitzen keine großartigen Viadukte und Tunnels. Und sie können auch keine Superlative im Steigungsverhältnis aufweisen. Dennoch sind Deutschlands „Bahnen in die Alpen" von großer Bedeutung, bündeln sie doch die Verkehrsströme und führen diese den „echten Alpenbahnen" in Österreich und in der Schweiz zu. Fotografisch interessant sind die Strecken im bayerischen Voralpenland allemal – egal ob es die zweigleisigen Hauptstrecken von München nach Salzburg, Kufstein und Lindau sind oder die eingleisigen Nebenbahnen, die in die traditionsreichen Ferien- und Ausflugsgebiete nach Kochel, Lenggries, Tegernsee, Schliersee und Bayrischzell, nach Aschau, Ruhpolding und Berchtesgaden, nach Oberammergau und Schongau, nach Füssen, Pfronten und Oberstdorf führen.

Auf nach Österreich

Die Königlich Bayerischen Staatsbahnen bauten 1858 zunächst eine Verbindung von München über Holzkirchen, Aibling und Rosenheim zur österreichischen Grenze nach Kufstein. Dabei wurde bei Großhesselohe das tief eingeschnittene Tal der Isar auf einer rund 165 Meter langen Eisenbrücke überquert. Schwierigkeiten bereitete den Bahnbauern damals auch das wildromantische Mangfalltal zwischen Holzkirchen und Aibling. Erst als der Verkehr mehr wurde und ein zweites Gleis verlegt werden sollte, entschieden sich die Bayerischen Staatsbahnen 1871 dazu, auf einfacherem Terrain eine zweite Linie nach Rosenheim zu bauen: die heutige Hauptstrecke über Grafing.

Rosenheim wurde schnell zum Knotenpunkt im südbayerischen Eisenbahnnetz. Dort treffen von Westen und Norden die Strecken aus Holzkirchen, München und Mühldorf zusammen. Auch ein Teil des innerösterreichischen Eisenbahnverkehrs zwischen Salzburg und Innsbruck nimmt den Weg über Rosenheim und spart sich somit den Umweg über Zell am See und Bischofshofen.

In Richtung Süden führt von Rosenheim aus die zweigleisige Hauptstrecke nach Innsbruck. Auch der Abschnitt Rosenheim – Kufstein wurde im Zuge der sogenannten Maximiliansbahn 1858 eröffnet. Im gleichen Jahr wurde auch deren Weiterführung nach Innsbruck, die so genannte Nordtiroler Bahn, in Betrieb genommen. Damit erhielt Bayern die erste durchgehende Eisenbahnverbindung nach Österreich. Zur Linken das Kaisergebirge, zur Rechten der Wendelstein, folgt die Bahn von Rosenheim aus in respektvollem Abstand dem Lauf des Inn.

Wer hingegen der 1860 eröffneten Bahn von Rosenheim nach Salzburg folgt, der reist bald darauf quer durch die Voralpenlandschaft des Chiemgaus, das durch das faszinierende Gebirgspanorama von Kampenwand, Hochplatte und Hochgern eingerahmt wird. Bald wird Traunstein erreicht, wo die 1895 eröffnete Lokalbahn nach Ruhpolding beginnt.

Letzter Halt auf bayerischem Boden ist die Stadt Freilassing am Zusammenfluss von Saalach und Salzach. Dort beginnt die eingleisige Nebenbahn über Bad Reichenhall nach Berchtesgaden: beliebt bei den Fahrgästen wegen ihrer landschaftlichen Schönheit und gefürchtet beim Lokpersonal aufgrund ihrer extrem steilen Streckenabschnitte.

Zum Bodensee

Im Westen der bayerischen Landeshauptstadt führt eine zweigleisige und rund 220 Kilometer lange Verbindung den Alpen entlang nach Lindau im Bodensee. Relativ jung ist dabei der 1872 eröffnete Teilabschnitt München – Buchloe. Hingegen gehört die anschließende „Allgäubahn" über Buchloe, Kaufbeuren und Kempten zu den ältesten Eisenbahnen Bayerns.

Unter dem bayerischen König Ludwig I. war 1840 der Startschuss für die sogenannte Ludwig-Süd-Nord-Bahn gefallen, die von Lindau im Bodensee über Kempten im Allgäu, Augsburg, Nürnberg und Bamberg nach Hof führen sollte. Mit 565 Kilometern Länge galt sie als erste bayerische Ferneisenbahn und zugleich als erste Strecke Bayerns, die mit staatlichen Mitteln finanziert wurde.

„Wegen der starken Steigungen und Gefälle wird zum Gebrauche von Dampfwagen nur von Augsburg nach (Ober)Staufen zu rathen seyn, während von dort nach Lindau Pferde vorteilhafter verwendet werden."

Aus einem Gutachten über die geplante Linienführung

Dabei war die bewegte Topographie des Voralpenlandes eine der größten Herausforderungen für die Eisenbahn-Techniker. 1846 begannen die Detailplanungen für den Abschnitt Augsburg – Lindau. Die Ingenieure mussten ihr ganzes Können aufbieten, denn im Allgäu stellten sich ihnen Berge, Täler und wild sprudelnde Bäche entgegen.

Ein unbekannter Gutachter bezweifelte vor dem Bau der Ludwig-Süd-Nord-Bahn, ob die steilen Streckenabschnitte zwischen Oberstaufen im Allgäu und Lindau jemals von Dampflokomotiven befahren werden könnten und schlug Pferdebetrieb vor.

Tatsächlich wurden aufwendige Kunstbauten erforderlich. In der Nähe von Röthenbach wurde beispielsweise der bis

129

1854 wurde die
Ludwig-Süd-Nord-Bahn Lindau – Hof
als erste bayerische Fern- und
Staatsbahn eröffnet, was in
zahlreichen zeitgenössischen
Darstellungen festgehalten wurde.
Dieser Kupferstich zeigt den
Tunnel bei Oberstaufen im Allgäu.
Bild: Sammlung Hehl

Eine der landschaftlich schönsten
Eisenbahnen Bayerns führt durch den
Landkreis Ostallgäu von Biessenhofen
nach Füssen, wo Jahr für Jahr zahllose
Touristen aus aller Welt das Schloss
Neuschwanstein des bayerischen
Märchenkönigs Ludwig II. besuchen.
Foto (Winter 1996): Markus Hehl

dahin größte Eisenbahndamm der Welt aufgeschüttet. Er war 525 Meter lang, 53 Meter hoch und am Fuß bis zu 280 Meter breit. Die Arbeiter bohrten durch den „Staufener Berg" einen 198 Meter langen Tunnel und überbrückten bei Kempten das tief eingeschnittene Tal der Iller. Besonderes Kopfzerbrechen bereitete der Endpunkt der Bahn in Lindau. Um die Schienen bis auf die Insel

Die Karwendelbahn von Innsbruck über Seefeld in
Tirol und Mittenwald nach Garmisch-Partenkirchen
gilt als spektakulärste Gebirgsbahn im Alpenraum
entlang der deutsch-österreichischen Grenze. Das Bild
der Elektrolok 1170.13 bei der Ausfahrt aus dem
Bahnhof Hochzirl zeigt den Blick von der Karwendelbahn hinunter in das weitläufige Inntal.
Foto: Sammlung Hehl

zu legen, wurde ein 550 Meter langer Damm zum Festland angelegt. Schiffe brachten aus Steinbrüchen in der Schweiz Geröll und Felsmaterial an die Baustelle. Doch immer wieder versanken die Steinpackungen im schlammigen Boden des Sees. Noch kurz vor der geplanten Eröffnung der Bahn gingen über 200 Meter Damm auf einmal in den Fluten unter.

Endlich konnten am 1. März 1854 die ersten Züge bis nach Lindau durchfahren. Die offizielle Eröffnung erfolgte am 13. Juli des gleichen Jahres durch König Maximilian II. Mit einer Kutsche reiste der Monarch von seinem Schloss Hohenschwangau bei Füssen nach Kempten, wo er einen Sonderzug bestieg. Die Lokomotive „Bodensee" zog die geschmückten

Wagen des blaublütigen Gastes nach Lindau. Dort wurde Maximilian feierlich empfangen. Musik erklang und Hochrufe erschallten – zu Ehren seiner Majestät und auf das Wohl der Eisenbahn.

Später entstanden zahlreiche eingleisige Nebenbahnen, die von der Hauptbahn München – Lindau in Richtung Süden abzweigten und an den Rand der Alpen führten. Einige dieser idyllischen Lokalbahnen sind längst wieder stillgelegt. Immerhin aber wird auf den Strecken Kaufering – Landsberg – Schongau, Biessenhofen – Füssen, Kempten – Pfronten und Immenstadt – Oberstdorf auch heute noch moderner Schienenverkehr inmitten malerischer Voralpenlandschaft abgewickelt. ■

Von München nach Innsbruck: Die Karwendelbahn

In der Reihe der deutschen und österreichischen Alpenbahnen darf die Karwendel- oder Mittenwaldbahn nicht fehlen. Zwar gilt sie nicht als ausgesprochene Magistrale. Aber ihre grenzüberschreitende Lage, ihr „internationaler Verkehr" zwischen München und Innsbruck und ihre atemberaubende Linienführung mit gewagten Viadukten und Tunnels bescheren ihr eine Sonderstellung im Streckennetz der beiden Bahnverwaltungen in Deutschland und Österreich. Immerhin gehört die Strecke mit einer Steigung von bis zu 36,5 Promille zu den steilsten Gebirgsbahnen Europas.

Am Anfang war der Umweg

Anfang des 20. Jahrhunderts dampften die Züge von der Tiroler Landeshauptstadt Innsbruck aus bereits über Rosenheim nach München, über den Arlberg an den Bodensee und über den Brenner in Richtung Verona. Schon seit 1889 konnte man zudem von München mit der Bahn bis nach Garmisch-Partenkirchen reisen. Der Bau einer Bahn von Garmisch über Mittenwald nach Innsbruck lag also nahe. Auch dem bayerischen Verkehrsministerium erschien die Strecke über Mittenwald durchaus sinnvoll, da Bayern auf diese Weise einen weiteren Anschluss an Tirol erhielt. Wie die Münchner Beamten damals ausführten, sei die Mittenwaldbahn *als Zwischenglied der Verbindung Innsbruck – München wegen ihrer Lage zwischen den weit entfernten Eisenbahngrenzpunkten Lindau und Kufstein ohne weiteres internationale Wichtigkeit zuzuerkennen"*. Von Innsbruck her sollte die Strecke steil hinauf zum Seefelder Sattel

über Scharnitz und Mittenwald hinunter nach Garmisch führen.
In Form einer westlichen Teilstrecke der Mittenwaldbahn wurde außerdem die Außerfernbahn Garmisch-Partenkirchen – Lermoos – Reutte beschlossen. Dann war es soweit: Im März 1910 wurde in der sagenumwobenen Martinswand der erste Spatenstich getätigt. Die umfangreichsten Bauarbeiten waren im ersten Teil der Mittenwaldbahn zwischen Innsbruck und Seefeld zu leisten: Die steil ins Inntal abfallende Martinswand und die zerklüftete, unwirtliche Schlucht des Schlossbachgrabens verlangten von den Ingenieuren und Arbeitern den ganzen Einsatz ihrer Kräfte ab. In diesem Abschnitt reiht sich Tunnel an Viadukt, Felseinschnitt an Mauerbauten. Den gurgelnden Schlossbach überbrückt in einer Höhe von rund 60 Metern über dem Wasserspiegel ein eisernes Bogenfachwerk mit einer Länge von 66 Metern. In den karstigen Hang des Hechenberges betonierten und bauten die Arbeiter den 54 Meter langen Finstertal-Viadukt, dann die Hangviadukte im Schlossbachgraben und den Kaiserstand-Viadukt unterhalb der Ruine Fragenstein; schließlich den Gurgelbach-Viadukt bei Reith und die Isar-Brücke bei Scharnitz.
Besondere Probleme bereitete der Tunnel in der schwer zugänglichen Martinswand. An der Ostseite des Tunnels wurde eine Kompressoranlage installiert, die zwölf große Schlagbohrmaschinen mit Pressluft versorgte. Ventilatoren mit elektrischem Antrieb sorgten für die Belüftung des Tunnels. Eindringendes Wasser an der Westseite der Tunnelröhre unterbrach die Arbeiten. Erst nach der Aufstellung einer

elektrischen Pumpenanlage konnten die Männer wieder ans Werk gehen.
Eine zeitgenössische Veröffentlichung berichtet über die geradezu verwegenen Arbeiten: *„Ein Bau in so schwerem Gebirge gleicht immer einem kleinen Feldzuge mit Opfern an Verwundeten und Toten. Es gereicht allen am Baue Beschäftigten zur größten Genugtuung, dass die Zahl der Bauunfälle eine relativ geringe war."* Da die Strecke als Lokalbahn galt, legte der leitende Ingenieur Josef Riehl eine maximale Achslast von nur 14 Tonnen fest. Der kleinste Kurvenradius betrug 200 Meter. Die Maximalsteigung lag mit 36,5 Promille deutlich höher als auf der Arlbergbahn (31 Promille) oder auf der Brennerbahn (25 Promille).
Am Innsbrucker Westbahnhof zweigt die eingleisige Trasse von der Arlbergbahn ab und erreicht bei Hötting (580 Meter Seehöhe) den Fuß der Berge. Von dort steigt die Strecke bis zum Scheitelpunkt am Seefelder Sattel auf eine Höhe von 1184,7 Metern. Somit überwindet die Bahn also auf einer Distanz von nur 19,2 Kilometern einen Höhenunterschied von 604 Metern. Anschließend fällt die Trasse mit bis zu 30 Promille nach Garmisch und stellt den Anschluss an die bestehende Linie über Murnau und Weilheim nach München her. In Garmisch-Partenkirchen zweigt die zweite Teilstrecke

der Mittenwaldbahn, die Außerfernbahn über Lermoos nach Reutte ab.

Als besonders fortschrittlich erwiesen sich die Eisenbahn-Ingenieure bei der Wahl der Traktionsart: Von Anfang an entschloss man sich zum elektrischen Betrieb auf der gesamten Strecke von Innsbruck bis Reutte. Endlich war 1912 die Trasse betriebsbereit. Bayern nahm am 1. Juli 1912 den Betrieb zwischen Garmisch-Partenkirchen und Mittenwald vorerst mit Dampflokomotiven auf. Erst am 25. April 1913 konnten die Bayern auf Elektrotraktion umstellen. Am 29. Mai 1913 konnten dann erstmals Züge von Innsbruck über Garmisch-Partenkirchen bis nach Reutte fahren. Mit einer Bausumme von rund 28 Millionen Kronen stellte das Projekt alles in den Schatten, was zuvor an „Lokalbahnen" in Österreich gebaut worden war. Außerdem gilt die Mittenwaldbahn als erste bedeutende Gebirgsbahn, die in Österreich und Bayern mit elektrischem Betrieb eröffnet wurde.

Lokomotiven der Baureihe 1245 besorgten lange Zeit den Personenverkehr auf der Karwendelbahn. Diese Aufnahme aus den 60er-Jahren zeigt eine der Maschinen im verschneiten Garmisch-Partenkirchen.
Foto: Sammlung Hehl

Idyllische Szenerie an einem Weiher unweit von Seefeld in Tirol. Während das Federvieh an jenem heißen Sommertag 1990 Abkühlung im Wasser sucht, rollt ein Regionalzug das Gefälle in Richtung Innsbruck hinunter. Mit 36,5 Promille gilt die Karwendelbahn als eine der steilsten Alpenstrecken.
Foto: Markus Hehl

Eis und Schnee bereiten den Eisenbahnen im Alpenraum jedes Jahr aufs Neue erhebliche Probleme. Diese beiden Triebzüge der Baureihe 612, die auf der Strecke München – Lindau verkehren, waren im Februar 2004 mit einem dicken Eispanzer überzogen.
Foto: Markus Hehl

Im Bahnhof Immenstadt
zweigt von der zweigleisigen
Hauptbahn München – Lindau die
eingleisige Nebenbahn nach
Oberstdorf ab. Im Februar 1997
rangiert eine Diesellok der Baureihe
218 an der Bahnhofsausfahrt in
Richtung Kempten im Allgäu.
Foto: Markus Hehl

Die 1912 fertiggestellte Mittenwald–
bahn führt in atemberaubender
Linienführung vom Inntal hinauf zum
Seefelder Sattel und überwindet
dabei auf nur 19,2 Kilometern
einen Höhenunterschied von rund
604 Metern. Im Bild der 117 Meter
lange Vorberg-Viadukt.
Foto: Sammlung Asmus

Die „Fuchstalbahn"
Kaufering – Landsberg am Lech –
Schongau führt von Norden her
schnurstracks auf das Ammergebirge
zu, berührt jedoch am Endpunkt in
Schongau nur die äußersten Ausläufer
des Alpenbogens. Die Augsburger
Localbahn bestreitet heute den
Güterverkehr auf dieser Linie.
Foto (15. März 2004): Markus Hehl

Die Nebenbahn Kempten – Pfronten – Reutte in Tirol führt durch die liebliche Voralpenlandschaft des Allgäus, wo das Braunvieh zum typischen Landschaftsbild gehört. Der einteilige Dieseltriebwagen der Baureihe 627.1, der auf diesem Bild aus dem Jahr 1996 unweit von Maria Rain in Richtung Pfronten rollt, ist zwischenzeitlich längst abgestellt und ausgemustert. Foto: Markus Hehl

Die dichte Abfolge von Tunnels sorgt dafür, dass die Züge auf dem Abschnitt zwischen Reith und Kranebitten auf der Karwendelbahn mitunter nur für wenige Augenblicke ans Tageslicht kommen und dann sofort wieder im Dunkel des Berges verschwinden. Insgesamt wurden im Verlauf der Karwendelbahn 16 Tunnels mit einer Gesamtlänge von 4,412 Kilometern gebaut. Foto (1990): Markus Hehl

Die Bayerische Oberlandbahn (BOB) nahm am 29. November 1998 ihren Betrieb auf den von München ausgehenden Strecken über Holzkirchen nach Lengries, Tegernsee und Bayrischzell auf. Dabei wurden zunächst 17 Dieseltriebzüge der Bauart Integral eingesetzt. Am 18. Juli 1999 rollt einer der Integrale durch die Voralpenlandschaft bei Fischhausen-Neuhaus Foto: Sammlung Hehl

Vor dem soeben fertiggestellten
Südportal des Albulatunnels bei Spinas
zeigen sich 1903 die stolzen Arbeiter
zusammen mit einer druckwasser-
betriebenen Tunnelbohrmaschine
vom System Brandt.
Foto: RhB, Sammlung Hehl

Im Verlauf der Linie Davos – Filisur der
Rhätischen Bahn RhB entstand um das
Jahr 1909 dieses Brückenbauwerk.
Mühsam wird der steinerne Bogen auf
das Lehrgerüst aufgemauert. Sicher-
heitsvorkehrungen im heutigen Sinne
waren damals so gut wie unbekannt.
Foto: RhB, Sammlung Hehl

Tod und Verderben

„Aber merk dir's, du", fügte der Aufseher
mit einer drohenden Handbewegung bei,
„wenn du nicht täglich deine zwei Fuhren Schotter
zuwege bringst, jag ich dich fort!
Hier ist kein Spital."

Ferdinand von Saar in seiner Novelle „Die Steinklopfer"
über die Arbeitsbedingungen beim Bau der Semmeringbahn

Die Glocken läuten. In der Pfarrkirche von Klamm, einem kleinen Bergdorf an der Semmeringbahn, wird die Abendmesse gefeiert. Fünf Gläubige haben sich in der ersten Bank zum Gottesdienst aufgereiht. Kerzenlicht flackert über die Heiligenfiguren und wirft lange Schatten auf die Wand. Durch die offene Tür dringt leise das Plätschern des Regens. Pfarrer Friedrich Schauer schlägt die Bibel auf und liest aus dem Buch Ezechiel: „Die Hand des Herrn legte sich auf mich, und der Herr brachte mich im Geist hinaus und versetzte mich mitten in die Ebene. Sie war voll von Gebeinen." Unweigerlich läuft mir ein kalter Schauer über den Rücken, als der Pfarrer diese makaberen Sätze aus dem Alten Testament zitiert und ein apokalyptisches Bild von Tod und Verderben beschwört.

Tatsächlich liegen draußen, nur wenige Meter von der Kirchenpforte entfernt, die Gebeine von über eintausend Männern und Frauen, die beim Bau der Semmeringbahn ums Leben gekommen waren.

Das dauernde Sterben

Als vor einigen Jahren für die niederösterreichische Landesausstellung die Geschichte der Semmeringbahn aufgearbeitet wurde, durchforstete Pfarrer Schauer die Sterbebücher der Pfarre Klamm. Seine Erkenntnisse vom Leiden und von der Not der Bauarbeiter und ihrer Familien waren erschütternd.

Die Revolution des Jahres 1848 war der entscheidende Anstoß für den Beginn der Bauarbeiten am Semmering gewesen. Immer mehr Arbeitslose waren aus dem Umland nach Wien gekommen und stellten ein unkalkulierbares Risiko für die Machthaber dar. Im März kam es zum ersten Aufstand. Metternich musste nach England fliehen. Das Militär schlug vor,

„in der Provinz in größerer Entfernung von der Hauptstadt umfangreichere Arbeiten durchführen zu lassen und die Proletariermassen, die in Wien leicht von Aufwieglern bearbeitet werden könnten, dorthin abzuschieben". Die Baustelle der Semmeringbahn, Europas erster Hochgebirgseisenbahn, war ein idealer Ort, um die gärende Masse der Arbeitslosen abzuschieben.

In den folgenden Jahren etablierte sich am Semmering eine Baustelle, die das Kaiserreich bis dahin nicht gesehen hatte. Bis zu 10.000 Arbeiter waren gleichzeitig beschäftigt, vorwiegend Italiener, Kroaten, Böhmen, Tiroler und Wiener.

„Aber merk dir's, du, fügte der Aufseher mit einer drohenden Handbewegung bei, „wenn du nicht täglich deine zwei Fuhren Schotter zuwege bringst, jag ich dich fort! Hier ist kein Spital." Ferdinand von Saar beschrieb in seiner Novelle „Die Steinklopfer" das trübselige Leben an den Baustellen der Semmeringbahn. Entlang der Strecke standen Barackensiedlungen, in denen die Arbeiter mit ihren Familien ein notdürftiges Quartier fanden. Bald wüteten Cholera und Typhus. Geistliche Schwestern kümmerten sich notdürftig um die Kranken. Die Erzherzogin Sophie beruhigte ihr Gewissen und stiftete eine Kapelle.

Bis die letzte Schwelle verlegt war und die Semmeringbahn nach rund sechs Jahren Bauzeit vollendet war, hatten nicht weniger als 1048 Menschen den Tod gefunden – hauptsächlich durch Krankheiten, aber auch durch schreckliche Unfälle, die angesichts einfachster Arbeitsmethoden und fehlender Sicherheitsvorkehrungen nicht ausbleiben konnten. Findige Rechner stellten später eine makabre Statistik auf: Die Fertigstellung der 42 Kilometer langen Strecke zwischen Gloggnitz und Mürzzuschlag

wurde alle 40 Meter mit dem Tod eines Menschen erkauft.

Dabei fand kaum eines der Opfer der Semmeringbahn eine würdige Bestattung. Kein Friedhof in der idyllischen Bergwelt konnte die zahlreichen Toten fassen. Um weitere Seuchen zu verhindern, wurden die meisten Leichen unterhalb der Pfarrkirche von Klamm in Felsspalten abgeseilt und namenlos verscharrt. Heute erinnert dort nicht mehr als ein vergessener Gedenkstein an die Tragödie.

Carlo von Ghega, der geniale Schöpfer der Semmeringbahn, wurde hingegen noch während der Bauarbeiten in zahllosen Veröffentlichungen, Romanen und Erzählungen sozusagen zum „Superstar" einer neuen Epoche erklärt. Unter seiner Regie wurden die Bauarbeiten zur heroischen Tat stilisiert. Die Arbeit wurde als Zweikampf zwischen Mensch und Natur gesehen, als Duell zwischen Bahn und Berg. Sieger war stets der technische Fortschritt und die leuchtende Figur des Venezianers Carlo von Ghega.

Die Zahl der Opfer beim Bau der Semmeringbahn war besonders hoch – vermutlich auch weil jegliche Erfahrungen mit der Organisation von derart großen Baustellen fehlten. Doch auch die später gebauten Alpenbahnen forderten ihren Tribut.

So verloren während der Bauarbeiten an der Brennerbahn Innsbruck – Bozen zahlreiche Menschen ihr Leben. Zwischen Gries und Brennersee eröffnete die Südbahn-Gesellschaft ein eigenes Notspital, in dem zwischen 1863 und 1865 nicht weniger als 218 Menschen an Krankheiten und den Folgen von Unfällen starben. In der Gemeinde Ellbögen richtete die Bahnverwaltung sogar einen eigenen Friedhof ein, der als „welscher Friedhof" in die Ortschronik einging.

Einblick in das Milieu der Bahnbauarbeiter um die Jahrhundertwende. Beim Bau der Albulabahn entstanden in den Bündner Bergen kleine und einfache Siedlungen für die Arbeiter und ihre Familien. Man beachte die zahlreichen langen Kamine für die Öfen und Herde, die aus der Fassade herausragen. Foto: RhB, Sammlung Hehl

Zwischen 1865 und 1870 wurden dort 47 Tote bestattet – vor allem Italiener und Kroaten. Im Friedhof von Vinaders fanden weitere 57 Arbeiter oder deren Angehörige ihre letzte Ruhestätte. Gottesdienste und Predigten, die zumindest für die deutschsprachigen Arbeiter gehalten wurden, galten als Ursprung der Arbeiterseelsorge in Tirol. Slowenen, Kroaten und Italiener aber, die der deutschen Sprache nicht mächtig waren, blieben mit ihren Sorgen alleingelassen. Wieviele Todesopfer der Bau der Brennerbahn insgesamt forderte, ist bis heute unbekannt.

Die ersten großen Alpenbahnen wurden im 19. Jahrhundert mit Hilfsmitteln gebaut, die aus heutiger Sicht geradezu primitiv erscheinen. Wie überall bereitete beispielsweise auch am Mont Cenis im Verlauf der Strecke vom italienischen Turin ins französische Modane der hohe Gebirgsdruck erhebliche Probleme. Die Gebirgsüberlagerung von bis zu 1620 Metern brachte das weiche Gestein immer wieder ins Rutschen und war eine ständige tödliche Bedrohung für die Männer, die im Scheiteltunnel schufteten. Immerhin blieben die Arbeiter von Wasser- und Gaseinbrüchen, wie sie bei späteren Tunnelbauten in den Alpen vorkamen, weitgehend verschont. Gegen Unfälle aller Art war man aber auch am Mont Cenis nicht gefeit: So flog beispielsweise am 6. November 1865 das Pulvermagazin am Eingang zum Nordstollen in die Luft und zerstörte einen Teil der Arbeiterbaracken, wobei zehn Tote und zahlreiche Verletzte zu beklagen waren.

Traurige Berühmtheit erlangte der Bau des über 15 Kilometer langen Gotthard-Scheiteltunnels zwischen Göschenen und Airolo. Der Bauunternehmer Louis Favre, 1826 bei Genf geboren, ein Mann aus

einfachen Verhältnissen, der sich beim Bau einiger Brücken und Tunnels verdient gemacht hatte, konnte mit einem besonders günstigen Angebot von rund 56 Millionen Franken die Ausschreibung der Tunnelarbeiten für sich entscheiden – und ließ sich damit auf einen mörderischen Vertrag mit der Bahngesellschaft ein. Obwohl in drei Schichten gearbeitet wurde und im Tagesmittel 2480 Mann im und außerhalb des Tunnels im Einsatz waren, geriet Favre schon bald nach Beginn der Arbeiten 1872 in zeitlichen Rückstand.

Die Arbeitsbedingungen und die Entlohnung der schwer arbeitenden Männer spotteten jeder Beschreibung. Im Tunnel herrschte stickige und feuchte Luft bei Temperaturen von bis zu 33 Grad. In den Arbeiterbaracken hausten die Menschen unter geradezu unwürdigen Verhältnissen. Die Stimmung unter den Arbeitern wurde zusehends gereizter. Da kam es am 28. Juli 1875 zum Streik.

Louis Favre, durch seinen Vertrag mit der Bahngesellschaft geknebelt, sah seine Felle davonschwimmen und bot der Regierung des Kantons Uri 20 000 Franken für die gewaltsame Niederschlagung des Aufstandes. Tatsächlich wurden daraufhin rund 120 Mann, „allerlei Gesindel, durchwegs Freiwillige, hauptsächlich alte römische und neapolitanische Söldner" bewaffnet und am Nordportal des Gotthardtunnels als „Ordnungstruppe" eingesetzt. Eine erste Salve ging in die Luft, eine zweite tötete vier Männer und verwundete acht weitere. Hunderte von italienischen Arbeitern verließen daraufhin die Baustelle und flüchteten über die alte Gotthardstraße in die Lombardei.

Bis zu seiner Fertigstellung forderte der Gotthardtunnel über 300 Todesopfer – die meisten starben aufgrund von Unfäl-

len oder Seuchen. Zu den Opfern kann auch der Bauunternehmer Louis Favre selbst gerechnet werden. Er erlag am 18. Juli 1879 im Alter von 53 Jahren bei der Besichtigung der Arbeiten im nordseitigen Vortrieb einem Schlaganfall. Unbeeindruckt von diesen menschlichen Tragödien wurde am 1. Januar 1882 der Bahnbetrieb zwischen Göschenen und Airolo aufgenommen.

Im Gegensatz zu den Bauvorhaben am Semmering oder am Gotthard gab es auf den Baustellen der Arlbergbahn von

„Übrigens hat die italienische Armut für uns auch eine gute Seite, rein geschäftsmäßig gesprochen. Denn die Gotthardbahn braucht zu ihrer Verwirklichung nicht nur Konzessionen, Subventionen, Obligationen und Aktien –
sie braucht auch Arbeiter, vor allem Arbeiter, Zehntausende von Arbeitern!
Die werden wir in der Schweiz nicht finden. Diese Tausende von jungen, Verdienst suchenden Männer, für den Tunnel vor allem, wird uns Italien ins Land schicken. Ohne italienische Arbeiter keine Gotthardbahn!"

aus dem dokumentarischen Roman
„Wir durchbohren den Gotthard" von Felix Moeschlin

Innsbruck nach Bludenz kaum soziale Spannungen, keine Streiks und keine militärischen Interventionen. Todesopfer aber waren auch am Arlberg zu beklagen: Allein beim Bau des über 10,2 Kilometer langen Scheiteltunnels kamen 92 Arbeiter ums Leben. Zudem traten in den Arbeiterlagern in Imst, St. Anton und Langen immer wieder Seuchen auf. Besonders schlimm wüteten dabei 1882 die Pocken. Auch in den späteren Jahren blieb der Bau der Alpentunnels mit enormen Problemen verbunden. Der knapp 20 Kilometer lange Simplontunnel beispielsweise galt zum Zeitpunkt seiner

Bis zu 10.000 Arbeiter waren gleich-
zeitig im Einsatz und schlugen
zwischen 1848 und 1854 die Trasse
der Semmeringbahn in das brüchige
Gebirgsgestein zwischen Gloggnitz und
Mürzzuschlag an der Grenze zwischen
Niederösterreich und der Steiermark.
Blick auf das quirlige Treiben auf den
Baustellen. Bild: Sammlung Hehl

Neu entwickelte Bohrmaschinen
sollten die Arbeit beim Bau des
Gotthardtunnels in den Jahren
zwischen 1872 und 1880 erleichtern.
Dennoch blieb die Tätigkeit tief im
Innern des Berges eine Schinderei, die
zudem überaus gefährlich war.
Bild: Sammlung Hehl

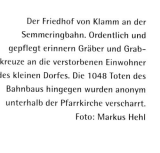

Der Friedhof von Klamm an der Semmeringbahn. Ordentlich und gepflegt erinnern Gräber und Grabkreuze an die verstorbenen Einwohner des kleinen Dorfes. Die 1048 Toten des Bahnbaus hingegen wurden anonym unterhalb der Pfarrkirche verscharrt.
Foto: Markus Hehl

Erbauung zwischen 1898 und 1906 als längster Tunnel der Welt. Jahrelang hatten Experten über die günstigste Linienführung gestritten und sich schließlich auf einen Basistunnel zwischen Brig in der Schweiz und Iselle di Trasquera in Italien geeinigt.

Doch damit fingen die Schwierigkeiten erst richtig an. Die Geologie des Berges machte den Bauarbeitern das Leben zur Hölle und stellte die Machbarkeit des Vorhabens nicht nur einmal in Frage. Als die Bohrarbeiten rund vier Kilometer in den Berg vorgedrungen waren, quollen plötzlich gewaltige Wassermassen aus dem Boden, aus der Decke und aus den Wänden des Tunnels. Pro Sekunde ergossen sich rund 1200 Liter auf die Bauarbeiter. Nachdem die Wasserquellen im Berg mühsam vermauert worden waren, sahen sich die Männer neuen Schwierigkeiten ausgesetzt: Die Tunnelbohrung trat in eine schmale Zone von glimmerartigem Kalkschiefer ein, der total von Wasser durchsetzt war. Das Gestein, das die Bergmänner als „faul" bezeichneten, war in ständiger Bewegung. Unter dem Druck des darüber liegenden Gebirges zersplitterten die eingebauten hölzernen Verstrebungen im Tunnel: 40 bis 50 Zentimeter dicke Balken zerbarsten wie Streichhölzer und lösten Todesängste unter den Bauarbeitern aus. Erst mit Hilfe einer festen und dicken Panzerung von Stahl und Eisen gelang es, die geologisch instabile Zone zu überwinden und den Schub des Gesteins von der Tunnelwand abzulenken.

Dann sprach sich auf der Baustelle eine neue Schreckensmeldung herum: Etwas

hinter Kilometer zehn waren die Arbeiter auf eine starke Quelle von 50 bis 60 Grad heißem Wasser gestoßen, die mit solcher Gewalt aus dem Gestein herausquoll, dass die Bohrarbeiten sofort eingestellt werden mussten. Die Arbeiter, die ganz vorn geschuftet hatten, verbrannten sich die Füße im Wasser, das sich sintflutartig zwischen den beinahe ebenso heißen Wänden sammelte.

Auch die widrigen Wetterverhältnisse im Hochgebirge machten den Arbeitern immer wieder zu schaffen. Als zwischen 1901 und 1909 die Tauernbahn gebaut wurde, kam es zu mehreren Lawinenabgängen mit schweren Unglücksfällen. Dabei kamen in einer einzigen Lawine bei Böckstein 26 Arbeiter ums Leben. Ein ähnliches Unglück traf die Arbeiten am Lötschberg in der Schweiz. Dort ging am 29. Februar 1908 am Südportal des Haupttunnels eine Lawine nieder und riss ein Gasthaus mit, das für Arbeiter und Ingenieure errichtet worden war. 30 Menschen fanden dabei den Tod. Nur wenige Monate später, am 24. Juli 1908, traf ein zweiter Schicksalsschlag die Lötschbergbahn und ihre Männer. Nach einer Spren-

gung im Nordstollen des Haupttunnels drangen rund 7000 Kubikmeter Felsgeschiebe und Grundwasser in die Tunnelröhre ein und verschütteten den Stollen innerhalb von wenigen Minuten auf einer Länge von rund 1500 Metern. 25 Arbeiter konnten sich nicht mehr retten und fanden im Tunnel einen grausamen Tod.

Man könnte die Aufzählung der Unfälle und Unglücksfälle beim Bau der großen und kleinen Eisenbahnen im Alpenraum geradezu endlos fortsetzen. Und dennoch könnte das ganze Ausmaß jeder einzelnen menschlichen Tragödie nur unzureichend beschrieben werden. Wer heute mit klimatisierten und bequemen Reisezügen die Alpen überquert, wird vom Schrecken jener Zeit nichts mehr spüren.

Deshalb mögen diese Zeilen dazu beitragen, dass die Männer und Frauen, die im Dienst des Fortschrittes ihr Leben und ihre Gesundheit opferten, nicht ganz in Vergessenheit geraten. ■

Dieses Loch im Fels der Weinzettelwand an der Semmeringbahn kostete 14 Arbeiter das Leben. Nach einem Felssturz wurde die Trasse verlegt und der angefangene Tunnelschlund vermauert.
Foto: Markus Hehl

Bei Preda tritt die Albulabahn von Norden her in den 5866 Meter langen Wasserscheidentunnel ein, der die Nordkette der Rhätischen Alpen durchbricht, und auf 1823,4 Metern Höhe seinen Scheitelpunkt erreicht. Anschließend fällt die Strecke zum südlichen Mundloch des Tunnels bei Spinas im Val Bevers, einem Seitental des Engadins. Dort entstand nach der Fertigstellung des Tunnels im Jahr 1903 dieses Foto: Stolz präsentieren sich Ingenieure und Techniker mit den verwendeten Mess- und Bohrgeräten. Foto: RhB, Sammlung Hehl

Vom Bau der Bayerischen Zugspitzbahn stammen die Fotos dieser Seite: Während der Bauarbeiten an der Zahnradbahn von Garmisch-Partenkirchen zum Schneefernerhaus unterhalb des Zugspitzgipfels in den Jahren 1928 bis 1930 wurden die Arbeiter teilweise in kleinen Hütten untergebracht, die wie Adlerhorste an den Felswänden klebten. Foto: BZB, Sammlung Hehl

Steinschlag, Kälte, Lawinen und plötzliche Wetteränderungen machten auch an der Zugspitze den Bauarbeitern das Leben schwer. Das Foto gewährt einen Einblick in die Arbeitswelt der späten 20er-Jahre des 20. Jahrhunderts. „Menschen machen Meter" hieß die Losung, welche die Arbeiter zu immer noch größeren Leistungen beim Bau der Strecke anspornen sollte. Tatsächlich konnte der gesamte 4500 Meter lange Haupttunnel der Zugspitzbahn in nur 1 3/4 Jahren fertiggestellt werden. Foto: BZB, Sammlung Hehl